每个青少年都应该读的

中国历史故事

朱 燕◎著

上古夏商西周

 辽宁人民出版社

图书在版编目（CIP）数据

每个青少年都应该读的中国历史故事.上古夏商西周 /
朱燕著 . — 沈阳：辽宁人民出版社，2019.3
ISBN 978-7-205-09489-8

Ⅰ.①每… Ⅱ.①朱… Ⅲ.①中国历史—上古史—青
少年读物②中国历史—夏代—青少年读物③中国历史—商
代—青少年读物④中国历史—西周时代—青少年读物
Ⅳ.① K209

中国版本图书馆 CIP 数据核字 (2018) 第 281158 号

出版发行　辽宁人民出版社
　　　　　地址：沈阳市和平区十一纬路 25 号　邮编：110003
　　　　　电话：024-23284321（邮　购）　024-23284324（发行部）
　　　　　传真：024-23284191（发行部）　024-23284304（办公室）
　　　　　http://www.lnpph.com.cn
印　　刷　北京海石通印刷有限公司
幅面尺寸：145mm × 210mm
印　　张：7.5
字　　数：144 千字
出版时间：2019 年 3 月第 1 版
印刷时间：2019 年 3 月第 1 次印刷
责任编辑：赵维宁
装帧设计：末末美书
责任校对：王　斌
书　　号：ISBN 978-7-205-09489-8
定　　价：32.00 元

目录

上古：
英雄辈出的神话时代

英雄盘古开天辟地

　　古人认为，天是圆的，地是方的，天空就像一个锅盖，罩在大地上。这种看法并非是他们空想出来的，而是源自一个古老的传说。在那个传说中，主人公名叫盘古，他是个开天辟地的大英雄，是一个十分伟大的神。那么，他到底是如何开天辟地的呢？

开天辟地

　　传说，在很久以前，天和地并不像现在这样是分开的，而是像一枚鸡蛋一样，是合在一起的，天地之间漆黑一片，伸手不见五指。就在这个漆黑一片的世界里，孕育着一个前所未有的大英雄，那就是盘古。

　　盘古在这漆黑的世界里沉睡了一万八千年。有一天，他醒了过来。

"这是什么地方？怎么到处都黑漆漆的？"他伸出双手，却发现自己的眼睛根本看不见任何东西。

他坐起来伸了个懒腰，却被一个坚硬的东西撞到了头。

"哎哟！这是什么东西？"他跪在地上，四处摸索，发现四周都被坚硬的东西围着。

"到底是谁把我关了起来？"盘古越想越生气，他使劲地敲着四周，"砰砰砰""砰砰砰"！

"放我出去！放我出去！"四周没有一点声音，似乎这个世界就只有盘古一个人。

盘古生气极了，"谁也关不住我！我一定要出去！"

这时，他突然摸到了一把斧头。盘古高兴极了，他立刻抓起斧头，用尽全力往前一挥，只听"咔嚓"一声巨响，四周出现了一些裂缝。

"太好了！我可以出去了！"盘古一鼓作气，连挥了好几下斧头，只听见一阵震耳欲聋的炸裂声，包裹住盘古的这个浑圆的东西就慢慢分成了两半。其中，比较轻而清的东西渐渐往上升，变成了天空；比较重而浊的东西则慢慢往下沉，变成了大地。

盘古很开心，他立刻站了起来，"啊，我终于可以站起来了！"

可是他很快发现了新的问题，自己的头顶着天空，脚踩着大地，若是自己一坐下，恐怕这天和地又要慢慢地合起来了。那样的话，自己岂不是又要回到黑漆漆的世界？

　　想到这里，盘古立刻挺直了身子，双手往上托举天空，分开两腿稳稳地站在地上，然后施展法力，让自己的身子渐渐长高。盘古的身子每长高一丈，天地之间的距离也就拉开一丈。渐渐地，盘古越长越高，天和地之间的距离也越来越远。经过了不知道多少年的持续增长，盘古的身子已经高到了极致。

　　"这下子你们再也没办法合在一起了吧！"盘古对天和地说道。是的，天和地已经离得很远了，永远地分开了。

创造万物

　　顶天立地地撑了许久，盘古突然感到了一种深深的倦意。原来，为了把天和地彻底分开，他几乎用尽了所有的法力，再也没办法支撑下去了。

　　盘古巨大的身体轰然倒在了地上，倒在地上动也没法动的他，看着空荡荡的天空和大地，眼里含着泪水："难道我费尽心力开辟出来的天地就这样了吗？难道不能把他们变得更美丽一些吗？"

　　于是，盘古用自己仅剩的一点法力，将自己的左眼变成了灿烂的太阳，让它每日照耀大地，为大地送去温暖和光；又把自己的右眼变成皎洁的月亮，让它照亮漆黑的夜晚，让人们不再害怕黑夜；他呼出一口气，变成了风和云；他怒吼一声，就有了雷鸣闪电。他

眼里的泪水变成了点点繁星，点缀着夜晚昏暗的天空。他的头和手脚变成了四极①和高耸入云的山峰；身体里的血液变成了江河湖泊；遍布全身的筋脉变成了道路；肌肉变成了肥沃的土地；皮肤和汗毛变成了花草树木；牙齿和骨头深埋地下，变成了金、银、铜、铁、玉石之类的宝藏；汗水变成了雨露，滋养着大地上的一切。

就这样，盘古用他的生命创造了一个充满生机的美丽世界，也为后世的人们留下了宝贵的财富。

尔后，人们为了纪念这位创造天地的英雄，在南海修建了盘古之墓，方圆三百余里。即使到了今日，在广西桂林还有盘古祠，每年还有许多人去祭祀盘古，向他祈福。

①四极：古代神话传说中立于四方的擎天柱，用来支撑天空。

流传至今的盘古庙会

广西壮族自治区的来宾市有着十分丰富的盘古文化，包括盘古庙、盘古神话传说、盘古歌谣、盘古师公戏，以及以盘古命名的村庄、山岭、岩洞等。这里保留了历史悠久且独具特色的盘古文化体系。来宾市还保留着敬奉盘古的文化传统——盘古庙会，盘古庙会以盘古神话和盘古信仰为核心，涉及盘古塑像、盘古钟、盘古祭祀礼仪、盘古地名及歌颂盘古的歌谣、盘古戏等。

补天造人的女娲神

　　盘古开天辟地之后，世界上并没有人类。那么，人类是从哪里来的呢？关于人类的起源有一个传说，说是女娲创造了人类。女娲是如何造人的呢？她为人类做了哪些事情而让人们感念至今呢？

女娲造人

　　盘古开天辟地之后，有一位叫作女娲的女神来到人间游玩，她看着盘古用自己的生命创造出来的世界，心里十分喜爱。她时而爬上高山眺望远方，时而在林木花间散步，时而在河边嬉戏流水。过了许久，她却突然感觉十分寂寞。天地虽好，却没有一点声音，也看不见任何生灵的踪影。

　　她坐在水边，皱着眉头左思右想："既然盘古大神能够创造天地，我为什么不能来创造生灵呢？有了生灵，这世界就更加完美了！"

说做就做，连着六天，她每天创造出一种动物，分别是鸡、狗、猪、羊、牛、马，到了第七天，女娲有点茫然了。她四处张望，"我还能创造出什么东西来呢？"

她无意中低头，看见了自己在水里的样子，立刻灵感大发，"我为什么不创造出和我一样的生灵来呢？"

于是，她用黄土和上水，捏出一个和自己一样的小人儿，然后对着他吹了一口气。小人儿立刻活了过来,蹦蹦跳跳地对着女娲叫道："妈妈！妈妈！"

女娲高兴极了，又捏出一个小人儿，吹了一口气，这个小人儿趴在她的膝盖上，也亲切地叫着："妈妈！妈妈！"

女娲第一次被叫"妈妈"，心里的母爱被唤醒。她开心地继续捏着小泥人，没多久，她身边就围满了活蹦乱跳的小人儿，个个都欢快地叫着她"妈妈"。

接下来的几天里，女娲一直都在埋头造人。一段时间后，她感到累极了，躺在地上，"这样一个一个地捏实在是太慢了，有什么办法可以加快速度呢？"

她看到不远处的树上挂着一根绿藤，"有办法了！"女娲起身把绿藤拿了下来，又调了很多泥浆，将绿藤放在里面使劲地甩，落

在地上的每一个泥点都变成了小小的人。很快，人类便遍布大地。

女娲看着眼前的小人儿们，"你们和我长得一样，我就把你们叫作人吧！虽然我把你们创造了出来，但是以后人类的繁衍还要靠你们自己。"于是，她把其中一部分人变成了男人，把另一部分人变成了女人，让他们结婚生子，不断地繁衍下去。

就这样，由盘古创造出来的世界在女娲的努力下有了新的生灵，女娲创造出来的人类在大地上幸福地生活着。

女娲补天

可惜好景不长，有一天，水神共工①和火神祝融②打架，水神共工输了，他一气之下一头撞向了不周山。这可不得了，不周山崩裂，支撑天空的大柱断裂。撑天大柱断裂之后，天空立刻塌了下来，天空中出现了一个巨大的窟窿，大地也被倒下的不周山撞得残破不堪。

这些裂缝中爆发出的山火燃烧着人们的房屋和田里的庄稼，流出来的洪水把人们冲得狼狈不堪，人们悲苦地哀号。为了保住性命，人们纷纷向更高的山林跑去。可是，山林是野兽们的家，看到人们

---

①共工：氏族名，又称共工氏，为中国古代神话中的水神，掌控洪水。
②祝融：以火施化，号赤帝，古代传说中的火神。

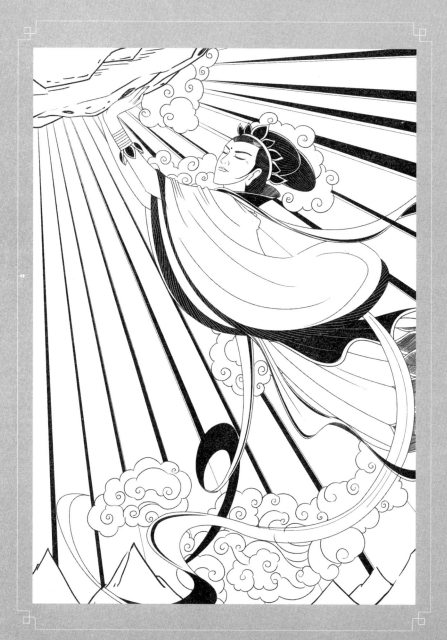

跑来，野兽们很生气，觉得自己的家被人类占领了，纷纷跳出来撕咬人们。

人们两面受敌，根本无法抵抗，伤的伤，死的死，纷纷叫着："妈妈！救命呀！"

女娲在天上看着自己创造的这些小人儿受罪，心里十分痛苦，她决定亲自解救人类。

她找遍了五湖四海，采集了很多五色彩石，把它们放在熔炉中，经过九天九夜不断地烧火熔炼，化成了五色石浆，然后她小心翼翼地把滚烫的石浆抹在天空的那个大窟窿上。天空的窟窿最终被补好了，从此以后，天空就有了五色的彩霞。

女娲又宰杀了一头巨大的万年龟，用它的四只脚分别支撑在天空的东南西北四个地方，天空也被撑了起来。天空修补好了，天地四方的柱子也重新立了起来，女娲又把芦灰撒向大地，地上的洪水也随着芦灰退去了，大地终于恢复了往日的平静。

之后，女娲将凶猛的鸟兽赶回山林，然后调整四季，让人们根据四季的变化调整自己的生活。

女娲创造了人类，又在人类危急的时候保护了人类，所以被人类视为母亲。直到现在，人们提到女娲还是会叫一声"女娲娘娘"。

春节与女娲的关系

春节是人们十分熟悉的节日，但是很多人可能不知道，春节的某些习俗其实与女娲有着很大的关系。

相传，女娲在造人之前用六天时间分别造出了鸡、狗、猪、羊、牛、马。后世过春节时，初一被称为鸡日，初二被称为犬日，初三被称为猪日，初四被称为羊日，初五被称为牛日，初六则是马日。按照习俗，在相应的日子里不能宰杀对应的动物。而且当日天气晴朗与否，预示着未来一年家里的这种动物能不能养得好。所以古人在过年时总是祈祷来年"六畜兴旺"，这也是农耕社会留下的文化传统。

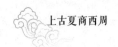

勇尝百草的神农氏

在上古时代有这样一个领袖，长相丑陋不被父亲喜欢，却心系百姓、贡献巨大，得到了中华民族儿女的认可，这个人就是炎帝。

炎帝降世

神农氏，也被称为炎帝，即"炎黄子孙"的"炎"。他和黄帝是同父异母的兄弟，传说他的母亲是上古时期有熊国①国君少典的正妃，女娲之女女登。

有一天，女登出外游玩，遇到一条神龙和她做伴，回来之后就怀孕了，生下一个牛头人身的孩子，取名榆罔。这孩子长相十分奇特，除了头部和四肢，其他部位全是透明的，五脏六腑被看得一清二楚。

①有熊国：姬姓，为黄帝之方国，位于姬水，是史传中上古时期居住在有熊地区的华夏集团建立的氏族部落。

因为榆罔长相丑陋怪异，性情暴躁，他的父亲少典很不喜欢他。于是，就把他和他母亲养在姜水河畔，所以，他长大之后就姓姜。姜榆罔十分聪明，生下来三天就能说话，五天就能走路，七天就长齐了牙齿，五岁便知道很多种庄稼的知识。

他长大之后，彪悍勇猛，成了部落首领，又因善于用火，所以被称为炎帝。

神农种谷

炎帝成为部落首领之后，十分关心部落里人们的生活。当时生活条件差，人们靠着采集果实、抓捕水里的鱼和山里的野鸡野兔过日子，总是吃不饱肚子，让炎帝十分忧心。

有一天，一只全身通红的鸟儿，衔着一颗五彩九穗谷飞过炎帝头顶。这九穗谷掉在地上，落在了炎帝面前。炎帝觉得这九穗谷十分好看，就把它捡起来种在地里，没想到竟然长出了一大片谷子。炎帝把谷子的壳搓掉，然后放进嘴里品尝，没想到竟然十分好吃。

"如果能教会大家种植这东西，不就可以让大家免于挨饿吗？"

炎帝越想越兴奋，他召集众人，宣布要种植谷子的事情。大家对炎帝都十分信服，自然没有异议，不过有人却提出了自己的担心："首领，你的想法挺好，但是我们把谷子种在哪里呢？"

炎帝环顾了一下四周，四周都是茂密的丛林和长满了野草的山地，他指着眼前的一大片空地，"我们把这些草和树木砍掉，不就有地了吗？"

于是，大家听从炎帝的指挥，先砍倒大树，又放火把地上的草烧掉，烧掉之后剩下来的草灰正好用来做种庄稼的肥料。炎帝又发明了农具，让大家能够更快更省力地翻地、种庄稼。

大家干劲十足，很快就把谷子种到了地里。经过一段时间的精心照顾，谷子收获了，很多人再也不用饿肚子了。

为了让族民有更多的粮食吃，炎帝还不断地尝试种植更多的谷物种类，最终从百草之中挑选出稻、黍^①、稷^②、麦、菽^③五种作物给族民种植，让更多的族民免于饥饿。

种植谷子成为族民赖以为生的主要方式，于是人们就把发明耕种的炎帝尊称为神农氏。

神农辨药

但是，那时候的人们不懂得分辨草木的药性和毒性，总是随便

---

①黍：shǔ。古代专指一种籽实叫黍子的一年生草本植物。其籽实煮熟后有黏性，可以酿酒、做糕等。

②稷：jì。古代一种粮食作物，指粟或黍属。

③菽：shū。豆的总称。

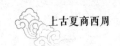

乱吃东西，很多人就因为吃了不该吃的草木而生病，这让神农氏十分忧心。

他通过长在都广之野的建木①前往天帝的花园中求取瑶草，想要用来治疗生病的族民。

天帝知道他的想法后，很欣赏他，但还是实话实说道："这么一点瑶草根本没办法救治所有的人，我这里有一根红色的鞭子，只要敲打在草木上，就可以分辨草木的药性和毒性，你带走吧！"

"谢谢天帝！"神农氏十分开心，有了这条神鞭，分辨药草就容易了。

于是，神农氏开始遍尝百草，他的肚子是透明的，所以吃进去的药草是否有毒，通过五脏六腑的颜色就可以分辨出来。有时候，不幸吃到有毒的草木，他就会嚼一片微微带有苦味的草叶，便立刻解了毒。

虽然有神鞭的相助，但神农氏还是在品尝一种名叫断肠草的毒草时，因为毒性过于猛烈，来不及吃解毒的草叶，最终死去了。

人们为了纪念他，把他尊为"药王"，中国第一本记载草药特性的中药学著作也以他的名字命名，被称为《神农本草经》。正是神农氏为了族民不惜牺牲自己的精神，让人们至今十分怀念他。人们将他与黄帝并列，敬为祖先。

---

①建木：上古先民崇拜的一种圣树，用于天地人神上下来往。

神农氏到底有多神？

关于神农氏的传说还有很多，他在中国人心目中到底有多高的地位，从他在各行各业中的崇高地位就可以看出来。

中华民族之祖：与黄帝并尊，让国人崇拜至今。

农业之祖：传说中他开创了农耕时代，他发明了刀耕火种，发明了各种农具，还找出了可供人们食用的五谷，所以又被称为五谷神。

医药之祖：遍尝百草，让人们明白哪些草药可以治病，哪些草药致命，有"药王"之美名。

商贸之祖：发明了交易市场和以物易物的交易方式，让人们之间的物质交流更为方便。

音乐之祖：传说他还发明了五弦琴，这种琴又被称为神农琴。

由此可见，神农氏是我国原始社会时期一位勤劳、勇敢、睿智的部落首领，他对中华文明有着不可磨灭的巨大贡献。

黄帝战蚩^①尤

黄帝是第一位被称为天子的统治者。为了对得起这个称号，黄帝不仅对内励精图治，增强国力，还对外征战，除了与神农氏炎帝之间展开的阪泉之战外，他和蚩尤之间还有一场震慑四方的恶战。

为何而战？

上古时期，有三个部落最为强大，分别为黄帝带领的有熊部落^②、神农氏带领的神农部落和蚩尤带领的九黎部落。在神农氏比较强大的时候，九黎部落是归属于神农氏炎帝管理的。但是，神农氏走向衰落的时候，黄帝想要一统天下，就率领有熊部落攻打神农部落。

---

①蚩：chī。
②部落：由若干血缘相近的氏族组成的集体，是上古时代人们聚居的一种单位。

两大部落在阪泉展开了一场历经三年的旷古大战，最终炎帝被打败，宣布臣服于黄帝。

这时，本来受神农部落压榨的九黎部落首领蚩尤开始蠢蠢欲动了。

他想：神农部落向黄帝称臣，我本就是神农部落的下属部落，那是不是我也得向有熊部落称臣啊？我可不愿意，我要独立出来，以我九黎部落的实力，肯定能打败黄帝！

于是，他向黄帝宣战，要与有熊部落一争高下。黄帝原本就打算收服了神农部落之后，就去攻打九黎部落。蚩尤的这一决定正合了黄帝的心意，他理所当然地迎战了，两大部落的军队在涿鹿相遇，一场前所未有的大战即将揭幕！

涿鹿之战

蚩尤敢于向黄帝挑战，自然有自己的底牌。他有八十一个兄弟，个个都是三头六臂，铜头铁额，刀枪不入。九黎部落本来就很擅长冶炼兵器，他们的刀、斧、戈等兵器在几大部落里是最锋利的。而且蚩尤和兄弟们非常勇猛，战斗起来勇往直前，不死不休。

当蚩尤带领着他的兄弟们，挥着长长的手臂，握着各种锋利的兵器向黄帝冲过去的时候，黄帝看得心惊胆战："这可怎么办？"

下面的人答道："首领，我们有熊、罴^①、狼、豹、貙^②、虎几大部落，个个都勇猛善战，哪里需要怕他蚩尤？请率领我们出战吧！"

黄帝点点头，挥手向前，率领着身后的几大附属部落向蚩尤冲去。

蚩尤见对方人数众多，硬拼肯定会吃亏，就施展法力，张开大口，对着黄帝的军队喷出滚滚的浓雾，三天三夜都不散。黄帝的军队在浓雾中迷失了方向，蚩尤的士兵却不怕，黄帝不断听到从浓雾中传来的自己这边士兵的惨呼声。他心急如焚，发明了指南车^③，为在浓雾中英勇奋战的士兵们指明方向。

蚩尤见浓雾战术失效，就收了自己的法力，黄帝也不示弱，立刻命令应龙^④蓄起大水，想要淹死蚩尤的军队。蚩尤便向风神和雨神求助，霎时间，战场上掀起了狂风暴雨，应龙蓄起的大水变成了滔天的洪水，反扑向黄帝的军队。

黄帝见情况紧急，立刻请来天上的女神旱魃^⑤。旱魃是凶神，凡是她到的地方，就会发生旱灾。旱魃一来，蚩尤掀起的洪水立刻消失得干干净净。

①罴：pí。熊的一种。
②貙：chū。古书上说的一种似狸而大的猛兽。
③指南车：又称司南车，是中国古代用来指示方向的一种装置。
④应龙：中国古代神话传说中一种有翼的龙，擅长蓄水，是黄帝征战其他部落的好帮手，后来还曾帮助大禹成功治水。
⑤魃：bá。传说中造成旱灾的鬼怪。

兵神蚩尤

黄帝经过激烈的战斗，将蚩尤的八十一个兄弟全部杀死，活捉了蚩尤。蚩尤被绑得严严实实地送到黄帝面前，但他依然是一副桀骜不驯的样子。

黄帝说道："蚩尤，你现在是我的手下败将，你可愿意带领你的九黎部落归顺于我，奉我为主？"

蚩尤满身伤口，到处都流着血，但是他的脸上却看不出一点疼痛的样子。他哼笑一声，看了黄帝一眼："你做梦吧！我蚩尤是不会归顺于你的！"

黄帝觉得蚩尤是一个很不错的战将，想要把他收服，将来为己所用，就耐着性子劝道："蚩尤，你要看清现实，现在我的有熊部落是最强大的，连神农氏都与我结盟了，你为什么非要坚持与我为敌呢？"

"好男儿就要顶天立地，决不俯首称臣！"蚩尤傲然地说完这句话，就闭上了眼睛，再也不回答黄帝的任何问题了。

黄帝拿他没办法，又怕他死后作乱，就把他的头砍下来，埋在离身子很远的地方。蚩尤的血一路往下滴，滴过的地方全都变成了血红的枫树林，每一片血红的枫叶都代表着蚩尤不屈的战斗精神。

黄帝杀了蚩尤，收服了九黎部落，但是他对蚩尤心存敬意，就

封他为"兵主"，也就是兵神，还将他的形象画在自己征战的旗帜上，用来震慑对手。

果然，其他的小部落一看到蚩尤的画像，吓得俯首称臣，黄帝最终一统天下，建立黄帝王朝，他自己也被称为天子，成为当时最大的统治者。

阪泉之战

阪泉之战发生在黄帝和炎帝之间，可以说是涿鹿之战的导火索。和涿鹿之战相比，阪泉之战更多地体现了黄帝和炎帝两大首领的军事智慧。

双方刚相遇时，炎帝趁黄帝没有防范，先发制人，利用自己擅长的火，围攻黄帝军队，战场浓烟滚滚，遮天蔽日。幸好黄帝手下有雨神应龙，他用水熄灭了火焰，还把炎帝赶到了阪泉之谷。

之后，黄帝不再强攻，只让人在炎帝的营地之外演练战法，而炎帝也从战法中看出自己无法战胜黄帝，只好躲在营内不敢出战。经过三年的战法操练，炎帝亲眼看着黄帝的实力在不断地增强，他本以为即将迎来一场恶战，哪里知道这不过是黄帝的障眼法。实际上，黄帝在演练战法的同时，已经命人偷偷地挖掘地道进入炎帝的军营之中，最终生擒了炎帝。

炎帝对黄帝心服口服，宣布臣服黄帝，最终和黄帝组成了炎黄部落。

先蚕圣母嫘^①祖

中国被称为丝绸之国。那么，是谁发现了可以用来做丝绸的蚕丝呢？又是谁发现了可以通过栽桑养蚕来获取大量蚕丝呢？这个人就是先蚕圣母嫘祖，一个与黄帝、炎帝齐名的上古圣人。

嫘祖其人

上古时期，在西南有一个西陵氏族，这个氏族所在的地方水土肥沃，这里的人们安居乐业，生活富庶，在当时算是一个比较有实力的部落。

有一年西陵下起了瓢泼大雨，因为担心大雨会给族人的生活带来灾难，所以部落首领率领着族人祷告上天，没想到巫师却占卜出

---

① 嫘：léi。

一个预言："灾星与劫难同时降临西陵，灾星不除，风雨难停。"

首领很奇怪，最近部落里没有出现什么陌生人，哪里来的灾星呢？等他回到家里，刚进家门就听见婴儿哇哇的哭声。他喜出望外，看样子是自己的孩子出生了。他立刻来到夫人的房间，果然看见一个长得十分可爱的小婴儿躺在夫人怀里。

"我们的女儿出世了！"夫人很高兴地向他报喜，"这孩子还挺会挑时候，外面的大雨刚开始下，她就出生了！"

首领一听，立刻呆住了，难道巫师所言的灾星就是自己的女儿？这怎么可能呢？

他看着夫人怀里粉雕玉琢般的女儿，心里很矛盾，到底是把孩子留下来，还是丢出去呢？外面的雨下了两天两夜，首领也想了两天两夜。到第三天天亮的时候，他毅然站起身，从熟睡的夫人身边抱走小女儿，冒着大雨把孩子放到一个山沟里，"孩子，别怪父亲心狠，实在是因为你来得不是时候，父亲身为首领，必须为全族人的性命着想。"

等他回到家里，夫人醒过来正哭着喊着找自己的女儿，首领把巫师的话跟夫人讲了，夫人摇头不信，"她不过是一个小小的婴儿，怎么可能是灾星？"说完，不顾虚弱的身子，起身就往首领遗弃孩子的山沟跑去。

等她来到山沟的时候，小婴儿安然无恙地躺在那里，夫人连忙把她抱了回去。这时候天上的雨也停了，"夫君，雨已经停了，我们的孩子不是灾星，千万不要再把她丢掉了！"

首领见雨停了，也不再坚持要遗弃孩子，不过他心里始终有一个疙瘩，担心这个孩子会连累祖先，便给她起了个名字叫累祖。后人因为尊重累祖，就在累字左边加了一个女字，唤作嫘祖。

养蚕缫丝

嫘祖长大之后，变成了一个美丽聪慧的女子。黄帝收服炎帝，打败蚩尤之后，被尊为天子，是天下的共主①。他听说了嫘祖的名声，又想和西陵氏族联合起来，于是便千里迢迢到西陵向嫘祖求亲。

嫘祖嫁给黄帝做了正妃，当时黄帝刚刚成为部落联盟的首领，急须证明自己作为联盟首领的实力。于是，他带领着大家种五谷，驯养动物，冶炼铜铁，制造生产工具，解决大家吃不饱饭的问题。而当时的人们大多没有衣服穿，不过是用草叶编一些东西来遮羞，既不耐用也不保暖，即使是部落首领也是一样。嫘祖看到这一点，主动把给大家做衣服的事情承担下来。

她让胡巢负责做帽子，伯余负责做衣服，于则负责做鞋子。她

---

①共主：指人类文明早期阶段、国家形成过程中或产生国家以后，各个部落或共同体所共同承认或推崇的盟主。他并不拥有完整的统治权，只是相当于一个首领，下面的部落或者共同体保留各自的部分权力。

带领着族里的妇女去搜集做衣服鞋子的原料，比如山上的树皮，用麻织成的网，还有男人们捕获的野兽剥下来的皮毛等。经过一段时间的努力，各个部落的大小首领都穿上了衣服和鞋子，戴上了帽子。

大家都很开心，但是嫘祖却累垮了，吃什么都没胃口。经常和她一起上山采集原料的几个妇女很担心她的身体，见她什么都吃不下，就想着到山上摘一点野果子回来给她开开胃。哪知道在山上寻了一天，也没找到好吃的野果子，快天黑了，她们心里十分着急。突然，有一个人在一棵树上看见了很多白色的小果子。

"快来！这里有果子！"

"是什么？"大家一听她招呼都跑了过去，"这是什么？能吃吗？"

"管它呢，摘了再说，总不能空手回去吧？而且马上要天黑了，咱们还得赶回去呢，不然遇到野兽就麻烦了！"

大家觉得她说得有理，连忙摘起果子来，等到她们拿回去给嫘祖看的时候，嫘祖疲惫的脸上露出了意外的表情。

"你们从哪里摘来的这个？"

其中一个妇女早就在路上偷偷地尝了一下，这果子根本咬不动，也没味道，听到嫘祖这么问，她紧张得都结巴了："就……就是……山上摘的。夫人，不好吃就别吃了！"

嫘祖摇摇头，拿起一个白色果子对着火光仔细察看，又从上面

扯了几根亮晶晶的白丝出来，"你们可是立了大功啦，这不是什么野果子，应该是一种可以用来做衣服的好东西！"

第二天，嫘祖就跟着妇女们到山上采摘这白色果子的地方去仔细察看，经过几天的研究，她终于确定了自己的猜想，这白色的果子就是蚕茧①。她立刻去向黄帝禀告，请求黄帝安排人大量种植桑树。

黄帝对嫘祖十分信任，就按照她的要求下了命令，嫘祖带着人开始养蚕缫丝②，最终做出了华丽灿烂的丝绸。人类栽桑养蚕的历史开始了。

为了纪念嫘祖的功绩，后人尊称她为先蚕圣母，地位与黄帝、炎帝不相上下。

①蚕茧：指蚕吐丝结成的壳，椭圆形，蚕在里面变成蛹，是缫丝的原料。
②缫丝：缫，sāo。缫丝，把蚕茧浸在热水里，抽出蚕丝。

旅游之神的传说

嫘祖除了被称为"先蚕圣母"之外，还有一个特别的称号，那就是"旅游之神"。这个称号是怎么来的呢？

相传，嫘祖在发明了养蚕缫丝做衣服之后，就跟着黄帝四处巡游，到处推广栽桑养蚕的技术，好让天下的人都不再用树叶蔽体，能够穿上温暖的衣服。这一壮举得到了人们的推崇，越来越多地方的人都希望嫘祖能到他们那里去。

嫘祖每日都忙个不停，最后累死在了巡游的路上。人们敬重她为民牺牲的精神，把她尊奉为"道神""行神"，即保佑出行平安之神。到现代，就演变为旅游之神——旅游者的保护神。

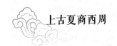

奇特的禅让制

好不容易坐上帝王的位置，却没有将帝位传给自己的子孙后代，这就是上古时期帝位传递的一种奇特方式——禅让制。那么，为什么尧帝和舜帝都采用这样的帝位传递方式呢？

尧帝时代

尧帝的高祖是黄帝，他父亲帝喾①娶了三个妃子，而他是第三个妃子陈锋氏之女所生，因为他的哥哥挚做帝王得不到大家的认可，所以尧帝被推举替代挚成为统治者。

尧帝姓伊祁，号放勋，他像上天一样仁慈，像神明一样智慧。人们都说靠近他就像靠近太阳一样温暖，远远望着他则像云朵一样清朗，虽然富有尊贵，但他既不骄傲也不奢侈。他总是戴着黄色的帽子，穿

---

①帝喾：喾，kù。帝喾，姬姓，名俊，高辛氏，五帝之一，出生于高辛（今河南省商丘市睢阳区高辛镇），是中国上古时期一位著名的部落联盟首领。他成为天下共主后，以亳（今河南商丘）为都城，深受百姓爱戴。

着黑色的衣裳，乘坐朱红色的马车，驾着雪白的骏马。他能尊敬有善德的人，也能让同族九代相亲相爱；当九族和睦之后，就去考察教导百姓；当百姓都通明之后，再想办法与其他国家和平共处。

当时的民众并不懂四时更替的规律，也不知道按照四季变化来耕种农作物。尧帝为了让民众的谷物收成更好，就命令羲①氏、和氏根据日月星辰的变化来制定历法，教授民众按照节令②来从事农业生产。从此，文武百官各司其职，百姓也得以安居乐业。

谁来继承

后来，尧帝年纪大了，想找人继承自己的帝位，但是他不知道该选谁来做自己的继承人。于是，他就问周围的文武大臣："你们说谁可以来继承我的事业呢？"

放齐说："您的儿子丹朱很通情达理，可以一用。"

尧帝摇摇头："这孩子太愚顽凶烈了，不能用。"

讙③兜说道："共工聚集民众，建立了大功，可以一用。"

尧帝又摇摇头："共工嘴巴会说漂亮话，但是内心不够正派，表面恭敬但是实际上并不尊敬上天，不可用。"

等到尧帝已经在位七十年了，他还没能找到合适的继承者。他

①羲：xī。

②节令：节气时令，就是指某个节气的气候。

③讙：huān。

问四岳："四岳啊，你们谁能顺应天命，接替我的位子呢？"

四岳回答道："我们德行太差，不敢继承帝位。"

"那你们就从大臣或者隐居的能人中推荐吧。"

四岳都说道："民间有一个叫作舜的人，可以试试。"

"我倒是听说过这个人，不过不知道他为人如何。"

四岳答道："他是一个盲人的儿子，父亲愚昧，母亲顽固，弟弟傲慢，他却能与他们和平共处，上孝父母，友爱兄弟，不让他们变得更坏。"

尧帝点点头，"嗯，听起来不错，那倒是可以试试。"

舜的父亲瞽叟 ① 是个盲人，他的母亲去世之后，瞽叟又娶了一个妻子，生了舜的弟弟象，象是一个桀骜不驯的人。瞽叟喜欢象和他的母亲，总是想把前一个妻子生的儿子舜杀掉，但舜每次都能逃过。

舜平时犯点小过错，也会受到重罚。就算是这样，舜也没有任何的忤逆之心，总是很恭顺地对待自己的父亲、后母和弟弟，从不懈怠。正因为这样的孝顺，让他在民间出了名，最终被推荐到了尧帝跟前。

尧帝为了考察舜的德行，就把自己的两个女儿娥皇和女英嫁给舜，想观察他如何对待自己的两个女儿。舜没有因为娥皇、女英是尧帝的女儿就把她们供起来，反而让她们住到自己家里去，孝顺父母，遵守为妇之道。尧帝认为舜这样做很有道理，就让他担任司徒之职，让他教导百姓伦理道德，百姓们都很服从舜的教导。

---

①瞽叟：gǔ sǒu。

尧帝禅位

尧帝让舜参与百官之事，百官做事也变得有条不紊①；让他去接待四方来客，宾客们也对他恭恭敬敬；尧帝又让舜到山林草泽中去，就算遇到暴风骤雨，舜也不会迷路。尧帝认为舜十分聪明有德，就把他叫过来说道："这三年来你做事总是能够做好，说话也能兑现，现在就让你来做帝王，管理天下吧。"

就这样，尧帝把帝位让给了舜。后来，尧帝去世了，百姓都十分悲伤。三年之内，四方百姓都不再鼓乐，用以思念尧帝。三年丧期过后，舜把帝位让给了尧帝的儿子丹朱，哪知道诸侯都不去朝见丹朱，反而来朝见舜；歌颂的人也不讴②歌丹朱，反而歌颂舜。舜说："这实在是天意啊！"于是他出任帝位，成为舜帝。

舜帝继承了尧帝的遗志，将天下治理得井井有条。等到他年老的时候，也像尧帝一样，没有把帝位传给自己的儿子，而是禅让给了德行高洁的大禹。

尧帝和舜帝都是上古时代的有德之人，他们心系百姓，一心为民，宁可把帝位让给有德行的外人，也不任用自己不成才的儿子。这种心系天下的胸怀值得每一个人学习。

---

①紊：wěn。
②讴：ōu。

● **相关链接:**

湘妃竹的来历

相传，舜帝在位的时候，湖南九嶷①山上有九条恶龙，常年在湘江作恶，给当地老百姓造成了严重的灾害，百姓叫苦不迭。舜帝心系百姓，决定亲自前去斩杀恶龙，谁知道把恶龙斩杀之后，他自己也得病死了，百姓便把他葬在九嶷山上。

娥皇、女英千里寻夫而来，却只看见一座坟墓，坟墓周围种满了竹子。二人伤心欲绝，扶竹而泣，一颗一颗的血泪落在竹子上，形成了血红的斑点，最后二人都死在了舜帝的墓前。而这些沾着娥皇、女英血泪的竹子，就是后世的湘妃竹。

①嶷：yí。

第一丑妃嫫^①母

中国历史上除了有著名的四大美女之外，还有四大丑女，她们就是嫫母、钟无艳、孟光和阮氏女。其中，嫫母可以说是这四人中丑陋之最，但是她的历史地位却一点儿也不低。因为她是黄帝的第四个妻子，乃是中国历史上第一丑妃。

黄帝娶嫫母

嫫母从小就生得十分丑陋，她到底有多丑呢？用古人的话来说："嫫母倭傀，善誉者不能掩其丑。"意思就是嫫母的丑陋就算让最会赞美人的人来描述也无法掩饰她的丑陋。黄帝在娶了她之后，甚

————————
①嫫：mó。

至还封她为方相氏^①，借用她的容貌来驱鬼逐疫。

这么一来，我们是不是可以认定黄帝并不喜欢嫫母这个丑妃呢？当然不是。

相传，嫫母生下来实在是太丑了，连自己的父母都不喜欢她，周围的邻居也排斥她，她从小到大就没什么朋友。但是，她是一个十分善良能干的人，对人很真诚，时间长了，她得到了大家的喜爱。

有一天，她和伙伴们在野外采野果子的时候，突然有一个姑娘被毒蛇咬伤了，大家都惊慌无比，只有嫫母十分镇定。她先把姑娘的伤口处理了一下，又安排人去打水来帮着清洗，然后自己去采药来帮她敷药。经过她的紧急施救，这姑娘的伤总算是稳定下来，然后大家就扶着她回部落里去了。

哪知道这一幕被四处巡游的黄帝看在眼里，他对临危不乱又很有组织能力的嫫母很感兴趣，他决定要向嫫母的父母求娶这个丑陋的女子。

当时，黄帝已经有嫘祖、方雷氏^②、彤鱼氏^③三个妻子，这三个都是美貌的女子，所以黄帝突然决定要娶嫫母，让随行的人都十分意外。

"首领，难道你不觉得她很丑吗？"

①方相氏：旧时汉族民间普遍信仰的神祇，是驱疫避邪的神。
②方雷氏：黄帝妃，神农炎帝十一世孙即八代帝榆罔长子雷的女儿，雷因借轩辕之兵大败蚩尤，所以把闺女许配给轩辕。传说她发明了第一把梳子。
③彤鱼氏：炎帝之女，黄帝第三个妃子，负责人们的饮食住行。传说她发明了炒菜和筷子。

黄帝点点头，"当然很丑啊！"

"那你还愿意娶她？"

黄帝笑着说道："空有美貌而没有德行的人，并不是真正的美人。而重视自身德行的修养，就算她的外貌不够美丽，那她也是一个贤惠的女子，我当然愿意娶啊！"

嫫母当时早就过了嫁人的最佳年龄，大家都以为她要变成一个老姑娘留在家里了，哪知道竟然有人求娶，而且求娶的人还是黄帝。这让嫫母的父母实在是太惊喜了，立刻答应了黄帝的请求。

于是，中国的第一位丑妃就这样诞生了。

先织圣母

嫫母嫁给黄帝之后，深得黄帝的尊重和喜爱，黄帝并没有因为她比其他三个妻子丑陋就轻视她，反而根据她的能力交给她很多重要的工作。

嫫母的组织能力也在工作中得到充分展现，她很快就成为黄帝正妃嫘祖的好帮手。每次黄帝外出征战，族里剩下老弱妇孺的时候，嫫母就挺身而出，协助嫘祖做好族里的管理工作，让大家能够安心地生活。

嫘祖很喜欢嫫母，两人甚至在黄帝外出的时候住到了一个房子

里，这在当时是不多见的，可见二人的感情十分亲厚。嫘祖因为发明了种桑养蚕，被后人称为"先蚕圣母"，而嫫母被称为"先织圣母"的事却少有人知道。这是怎么回事呢？

原来，嫫母和嫘祖住在一起的时候，见嫘祖每天都为帮助族民寻找更好的衣服原料而焦头烂额，她自己也十分焦急。直到有一天，有人从山上采了蚕茧回来交给嫘祖。

嫘祖拿着这蚕茧，观察了半天，十分肯定地说："这东西一定能用来做衣服。"

嫫母也拿过去仔细翻看，她点点头："姐姐说得有理，我们可以试试。"

嫘祖带着人上山去采了很多蚕茧回来，嫫母则在家里烧了一大锅热水，用来煮蚕茧，然后用手慢慢地将蚕茧上的丝绞在木棒上。嫘祖看着木棒上的蚕丝，十分高兴，她终于发现了一种又轻便又暖和的原料。

"只是，这东西不像树皮树叶，直接用针线连起来就可以了，这一根一根的细丝怎么做成衣服啊？"嫘祖又开始发愁了。

嫫母却很有信心地说道："姐姐不用担心，这件事交给我来办！"

嫫母把自己关在屋里研究了好几天，终于用蚕丝织出来一片洁白光滑的丝绸，她拿着丝绸到嫘祖的房间："姐姐，成了，这东西果然可以做成衣服！"

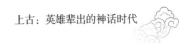

嫘祖高兴地拿过丝绸，仔细翻看，"妹妹可真是一个聪明能干的人，这纺织的才能真是无人能比啊！"

于是，嫫母就跟着嫘祖留下了"先织圣母"的称号，成为人们心目中容貌虽丑但是心灵手巧的典范。

镜子的故事

相传，人类使用的第一面镜子就是嫫母制作的。当时，嫫母进宫之后，发现宫里的女子都习惯在水边梳妆打扮，美丽的女子们一起在水边梳头化妆，看起来是一道美丽的风景线。但是，嫫母却觉得很尴尬，因为她长得丑，不好意思去水边和别人一起梳妆打扮，总是在自己的房里随便打扮一下就了事。

有一天，她在上山干活的时候，发现了一块明光闪闪的石板。她拿起来一看，只见石板上有一张十分丑陋的脸，把她吓了一大跳。她定下心来又仔细看了看，才发现那是自己的脸。

"太神奇了，原来这块石板可以看到自己的脸！"嫫母开心地把石板带回家，然后拿磨石仔细地把石板打磨光亮，果然，自己的脸在这石板上看得更加清楚了。从此以后，嫫母就用这块石板来梳妆打扮。

时间一长，这石板的秘密自然藏不住了，不但后宫的女人们知道嫫母有一块神奇的石板，后来连黄帝都知道了，还亲自来查看。大家都很喜欢这块石板，黄帝就命人去多多采掘这样的石板，供大家使用。

于是，人类使用镜子的历史就开始了。

钻木取火第一人

可以说，使用火是人类完全不同于一般动物的重要特征。正因为有了火的使用，人们可以在暗夜中取得温暖，将生食变成熟食，甚至还能将火用来做武器。那么，这么重要的火，是如何成为人们手中的工具的呢？

天火时代

太古时期的人们，还不知道利用火，所有的东西都直接生吃。一般的植物果实还好，可是打猎带回来的野兽，水里抓到的鱼、鳖、蚌、蛤，也是生吞活剥，直接吃掉，可以说是真正的茹毛饮血①。

由于人类身体的生理结构和野兽是不一样的，长期吃生食，导致人们对食物消化吸收不够，无法得到足够的营养，脑部发育也得

①茹毛饮血：指原始人不会用火，连毛带血地生吃禽兽。

不到足够的营养供应，身体素质很差。而且，吃生食很容易导致食物中毒或者肠胃不适，这对人类的寿命有着很大的影响。

其实，上古并不是一个真正的无火时代，这时期是有火的，不过都是"天火"。比如：火山爆发会产生火，打雷闪电也会让树木燃烧。但是这种滚烫耀眼的东西让人们感到恐惧，根本不敢接近。因为人们见过被火烧过的动物，那凄惨的死状让他们胆战心惊。

后来，有一个聪明人，因为他的肚子实在太饿了，没有力气去打猎，就捡起树林边上一只被烧死的野兽，从它身上撕下一点肉放进嘴里。他一开始很害怕，连嚼都不敢嚼，直接吞下去，心里只想着再难吃也比饿死好吧。

吃了几口之后，他突然意识到不对，和以往腥臊扑鼻的味道不同，这被烧过的肉竟然有一种奇妙的香味，吃到肚子里也让他感觉十分舒服。他忍不住又撕了一块肉下来仔细地咀嚼品味："啊！原来被火烧过的肉竟然这样好吃！"

其他人看到这个聪明人的反应，都很好奇，有几个胆大的也跟着他吃了两口熟肉，立刻也被这种喷香的味道给征服了，他们感觉再也吃不下那种腥臊带血的生肉了。

这可怎么办呢？这山火也不是每天都会爆发的啊！

聪明人看了看还没有完全熄灭的山火，计上心来："大家不要怕，我们把这火带回住的地方去，不停地往里面加木头，让它一直燃烧，这样我们就有火可以把食物烧熟来吃了。"

大家都觉得他说得很对，就按照他的意思把火带回了住的地方。从此，上古人聚集的地方就多了一个"职位"，那就是看火人。大家轮流守着火堆，小心翼翼地不让它熄灭。

慢慢地，人们发现这火的用处实在是太大了，不但可以用来取暖，用来烧熟肉食，还能烧水煮东西吃。而且最重要的是，晚上再也不用害怕野兽来袭击部落了，因为野兽远远地看见火光，还以为是火山爆发，立刻就掉头跑了。

钻木取火

人们感觉日子过得越来越舒心了，但是聪明人却想得更长远一些。他忧虑地想：若是有一天，看火的人太累了，忘记给火添柴了，这火不就熄灭了吗？到时候又去哪里找火种呢？

他想了很久，终于想到，既然木柴很容易燃烧，那是不是说明木柴里是有火的？后来，他到了一个叫燧明国①的地方，发现那里有一棵遮天蔽日的大树。在那棵树上有很多长着长嘴巴的鸟，它们喜欢用嘴啄木头，多啄几下，这木头里能发出火光来。

这个聪明人受到启发，难道像这鸟一样啄木头就能钻出火来？

————
①燧明国：燧，suì。燧明国，上古时代一个氏族部落。

他立刻找来干燥的木头，准备自己尝试一下，可是，他并没有像鸟一样的尖嘴巴呀。于是，他就想办法在木头上钻了几个小坑，然后拿起干燥的树枝插在这个小坑里，不断搓着树枝，希望通过树枝和木头之间的摩擦能够生出火来。

想法是美好的，但是现实是残酷的，聪明人试了好久，手都酸了，还是没能钻出半点儿火星。怎么办呢？难道放弃吗？

聪明人摇摇头，"如果我放弃的话，我的族人还会回到茹毛饮血的生活，那怎么可以呢！"

他振作精神，继续钻木取火，最后，功夫不负有心人，终于被他钻出了火苗来。这让他兴奋极了，因为他解决了一个最大的难题，以后再也不用靠天火取火了。只要有需要，随时随地都可以钻木取火。

击石取火

钻木取火发明出来后，很快就传扬出去，越来越多的人学会了这种取火方式，生活都便利了很多。但是时间长了，问题又出来了：钻木取火不但需要力气，还需要技巧，用来取火的木头也有要求，给取火造成了一定的困难。

那个聪明人了解情况后，又开始动脑筋了，怎么才能让取火变

得更加容易呢？他试过很多种木头，想找到一种一钻就能出火的木头，可惜这种想法最终还是失败了。

他很沮丧，靠在山洞的石壁上闭目养神，手边抓起一块石头无意识地敲打着地面。这山洞的地面也是石头，所以敲打起来"咚咚"作响。打着打着，聪明人突然闻到一种奇怪的味道，他睁开眼一看，天哪，自己的兽皮衣服竟然烧起来了。

他的兽皮衣服上有很多长毛，现在都燃起来了，他赶紧脱下衣服在地上使劲摔打，终于把火打灭了。

"奇怪，衣服怎么会莫名其妙地烧起来呢？"聪明人思前想后，找不到原因。突然，他看到刚才用来敲打地面的石头，"难道是这个东西？"

于是，他又拿着石头使劲敲打地面。果然，很多火星随着他的敲打不断地溅出来，看来刚刚他的衣服就是因为溅上了火星才烧起来的。经过不断的试验，他又发明了击石取火的方法。

这个聪明人因为发明了钻木和击石两种取火方法，·为人们带来了光明和温暖，所以后人把他叫作燧人氏，尊为上古三皇之一，在中国历史上拥有十分崇高的地位。

"三皇"是何人？

"三皇五帝"是历代史书或者传奇演义中对于上古时期几位对人类发展做出极大贡献的部落领袖的尊称，其中，"三皇"是何人呢？

根据《尚书大传》中所说，三皇是指燧人、伏羲、神农三位，燧人就是我们文中提到的那位发明了人工取火的燧人氏。伏羲演八卦，神农尝百草，他们都对人类的进步做出了巨大贡献。而燧人氏仅凭取火的功劳就成为三皇之首，可见火的发现和使用对于人类发展来说具有多么巨大的作用。

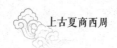

一头撞死的水神共工

在中国历史神话传说中，有一个死得惊天动地的大人物。他在历史上的评价不算大英雄，但是他的死却给人们带来了灭顶之灾。他就是那个一头撞死在不周山上的共工。这到底是怎么回事呢？

遇水而发

相传，共工氏是神农氏的后裔①，在炎帝时期，他们已经拥有相当强的实力。身为神农氏的后代，共工氏在种植五谷方面有很丰富的经验。而且，因为他们的领地就在黄河、洛水和伊水边上，长期与水打交道，也让他们在治水方面有丰富的经验。

共工氏治水的理念在当时算是比较先进的。他们发现，如果建

①裔：yì。

造堤坝把水围起来，既能造出大片的土地来种植庄稼，又能用蓄水湖里的水来浇灌附近的庄稼，遇到天旱的时候，还能用来抗旱。因此，共工氏所种的庄稼长得十分茂盛，收获也很丰厚，共工氏的部落也过着十分富足的日子。

黄帝收服炎帝，打败蚩尤之后，该轮到共工氏了。

下面的人都在商量如何攻打共工氏，黄帝却有不同的看法，"像共工氏这样能干的部落，应该好好把他们的才能用起来。"

于是，黄帝封了共工氏的首领为官，让他们主要负责农业方面的管理工作，专门负责教导人们如何种植庄稼，如何进行水利建设。共工氏看到炎帝和蚩尤的失败，自然也不想自己的族民受到伤害，就同意成为黄帝的部落联盟中的一员。

于是，共工氏和黄帝和平共处，同饮黄河水，共工氏在上游，而黄帝则在下游。

遇火而亡

历史在不断地往前推进，等到黄帝的孙子颛顼①来当部落联盟首领的时候，共工氏和部落联盟的关系已经不是那么融洽了。这主要是因为共工氏的后代也对部落首领的位置产生了兴趣。按史书所说，

―――――――
①颛顼：zhuān xū。传说中的上古帝王名。

共工既是一个氏族的名字，也是一个人的名字。凡是从共工氏出来的人都被称为共工，所以这个要和颛顼争夺帝位的人也叫共工。

之前我们已经知道，共工氏最擅长的就是利用水。而水在上古时期的人们眼里，好的时候是生命之源，坏的时候却是灭顶之灾。共工和颛顼闹翻之后，就利用自己处于黄河上游的优势，把在洛水、伊水和汾水上修的拦河坝全部挖开，水一下子就大量地涌进黄河，黄河水泛滥，立刻给生活在黄河下游的颛顼部落的人们带来了灭顶之灾。颛顼连忙指挥大家搬家，搬到离水远一点的地方去，才算躲过了灭顶之灾。共工这一损人不利己的行为受到了人们的反对和厌恶，他争夺帝位的美梦也就破灭了。

因为这次水灾实在是太恐怖了，以至于原本是人类的共工氏被后世描述成了可以操控水的水神，他和颛顼之间的战争也被描述成一个惊天动地的神话故事。

传说，共工是一个长着人面蛇身的水神，他还有一头长长的红发，看上去十分恐怖。他发动大水，攻击颛顼，颛顼派火神祝融去迎战。

一开始，共工是处于上风的，他派自己的先锋大将相柳、浮游，将祝融所居住的光明宫淹了，连宫里常年不熄的神火都给扑灭了。

祝融很生气，驾着浑身火焰的火龙出来迎战，一时间，天上的云雾全部散去，雨也不下了，大地恢复了光明。祝融还请来了风神

帮忙，风吹着大火直扑共工。共工原本想调动海水来扑灭火焰，哪知道海水遇到祝融的火龙，居然自动让开了道路。

共工没有办法，手下的大将相柳和浮游也牺牲了，被逼无奈，只好狼狈地往天边逃去。

逃到天边的时候，他靠在一座大山下稍事休息，想着刚才和祝融的战斗，他感觉十分丢脸。这时候祝融带着追兵又追了过来，共工左右一看，自己居然落得孤家寡人，越想越气，他跳起来一头撞向背后的大山。

谁知道这一撞可就坏了大事了，因为这山叫作不周山①，乃是用来支撑天空的。共工这么一撞，不周山倒了，天空少了一个支撑的大柱子，立刻倾斜下来，破了一个大洞。天上掉下熊熊的火焰，地上也出现很多裂缝，不断地冒出洪水，人类面临着一场恐怖的大灾难。

这也是女娲炼石补天故事的起源。

_____

①不周山：中国古代神话传说中的山名，因为不完整，所以称为不周山。

火神祝融

相传，火神祝融原名黎，是一个氏族首领的儿子，脾气十分火暴，但是人聪明伶俐，天生就与火很亲近。所以，当燧人氏发明了钻木取火后，黎就成了族里最好的管火人。火种到了他手里，从来都不会熄灭。

有一天，氏族需要迁移，黎担心火种在路上熄灭，就把平时用来钻木的一个燧石带在身上，想着万一火灭了，还能再把火钻出来。哪知道，路上遇到大雨，火真的灭了。到了一个山洞，族人准备休息，黎却拿不出火种来帮大家燃起篝火。

他急得满头大汗，连忙开始钻木取火，谁知道越急越钻不出来，他性子一起，拿起燧石就往山洞的石壁上一砸，哪知这一砸却砸出火星来了，火星落在地上干燥的苔藓上，居然烧了起来。黎高兴坏了，他又试了几次，发现用燧石相击，更容易得到火种。于是他就放弃了钻木取火，从此开始击石取火。

他的功劳传到了黄帝的耳朵里，黄帝觉得他十分能干，就封他做了火官，还给他赐名祝融。再后来，祝融就成了火神。

这也是发明击石取火故事的另外一个版本。

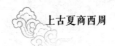

弃儿变农神

一个被母亲遗弃的孤儿，最后却成了天下人的农师，这个人就是后稷①，是深受人们敬重的农神。他酷爱农业，在任何情况下都专心致志地研究这个事情，最终取得了令人瞩目的成绩。

一个被遗弃的孩子

在上古时期，有一个孩子名叫弃。为什么他有这么一个古怪的名字呢？因为他小时候被自己的亲生母亲抛弃过。

他的母亲叫姜原，是有邰氏②部族的女儿，是上古五帝之一——

①稷：jì。

②有邰氏：邰，tái。有邰氏是汉族传说中炎帝神农氏姜姓的一支部落，起源于陕西眉县之邰亭，后东迁于汾水下游，称为台骀（dài）。其后有继续东迁至山东费县之台亭者，称墨台氏，春秋初被鲁国所并。

帝喾的正妃。姜原平时空闲的时候喜欢到郊外野游，这一天，她又带着侍女们来到郊外玩耍。

来到郊外，天气晴好，姜原的心情也很愉快，突然，她发现了一个奇怪的脚印。这个脚印可不是普通人的脚印，而是一个巨人的脚印。姜原看看自己的脚，再看看那巨大的脚印，笑着对身边的侍女道："这脚印也太大了吧，能抵我多少个脚印呀！"

"您说得对！还从来没有见过这样大的脚印呢，不知道是多高大的巨人才能留下这样的脚印啊！"

姜原点点头，童心突起，伸出一只脚放到这巨人的脚印上去，嘴里还说着："真好玩！"突然，她感觉身子有异样，便立刻把脚收了回来，也不声张，就带着侍女们回到了宫里。没多久，姜原就发现自己怀孕了，十个月后，她生下一个儿子。

这个儿子的来历让姜原觉得不吉利，就把他扔在一个偏僻的巷子里，由他自生自灭。奇怪的是，这个刚出生的婴儿被扔在地上，路过的牛马却自动回避，不敢去踩踏他。姜原没办法，又把他带到山林中丢弃，正好又碰上很多人往山林走来，"可不能让人知道这孩子是我遗弃的，那样麻烦可就大了！"姜原心里想着。

于是她就悄悄带着孩子到了一条沟渠边上，这时候正是寒冷的冬天，北风呼呼地吹，水面都结冰了。姜原想着把他放到冰上，若是冻死了也是他的命不好。她把孩子放在冰面上，谁知道天上的飞

鸟竟飞下来，用自己的翅膀把孩子盖起来，为他取暖。

姜原看到这一切，觉得这个孩子真是太神奇了，肯定大有来头，就把他抱回去养大。因为一开始她想把这个孩子丢弃，所以就给他起了个名字叫弃。

天下农师

弃在很小的时候就和别的孩子不一样，有着高远的志向。在玩游戏的时候，他最喜欢搜集野生粮食作物的种子，然后亲手种到土里去，精心培育，浇水、施肥，好好照顾。等到这些种子长大，长得比野生的更好的时候，弃就感到特别高兴。

等他长大了，他就专心钻研如何能把庄稼种得更好。他在长期的耕作中积累了很多实用的经验，还用木头和石头制作出很多好用的农具，让种地更加省力。他还会分辨土质，知道在哪种土地上种植哪一种庄稼会长得更好。慢慢地，弃擅长种植庄稼的名声就传了出去。

当时的人们还以采集和打猎为生，食物来源不稳定，人口一多，家里就会很困难，甚至吃不饱。大家看到弃种的庄稼又大又好，十分心动，就纷纷前来请求弃教他们怎么种庄稼。

弃也不藏私，只要有人来问，就大方地教他们种庄稼。慢慢地，

家乡的人就都会种庄稼了，部落里的生活也越来越好。

这件事传到尧帝的耳朵里，尧帝一想，各个部落的人越来越多，仅仅靠着打猎和采集食物根本不够大家吃。大家吃不饱饭，我这个位子坐得也不安生。于是他就把弃找来，对弃说："听说你很擅长种植庄稼？"

弃很谦虚："只是懂得一些皮毛而已。还有很多庄稼我种得不好，正在研究怎么种呢！"

弃谦虚又爱钻研的性格让尧帝十分喜欢，他对弃说："你种地这么厉害，干脆做农师，负责教天下的老百姓种庄稼吧！"

于是，弃成了农师，四处教授人们种植庄稼。

后来，洪水泛滥，农田被毁，庄稼都被淹了，弃看在眼里痛在心上，但是他也没办法。幸好有大禹这个治水高手出现，弃主动跟随大禹去治水，只要水被制住，弃便立刻教那里的人们种植庄稼，恢复生产。等到洪水完全退去之后，舜就安排弃去教大家种植各种农作物，弃不辞辛劳，立刻又投入到农师的本职工作中去。

因为弃的功劳很大，舜帝就把他封在有邰，让他可以研究新的农业种植技术。由于弃擅长种植庄稼，所以人们又称呼他为"后稷"。

奇特的孕育方式

后稷的母亲姜原是踩了巨人的脚印才怀孕生了他，无独有偶，像后稷这样孕育方式很奇特的人并非只有他一个。帝喾的另外一个妃子简狄，在洗澡的时候看到玄鸟下了一个蛋，然后她把这枚蛋吞下肚去，就怀孕生了殷商部落的始祖契。

这只是一种传说，从人的生理规律来说是不可能发生的，那古代的史学家们为什么要一本正经地把这些事情写在史书上呢？

因为人类社会是从母系社会发展到父系社会的，在母系社会，人们只知道自己的母亲，不知道自己的父亲。而古代的史学家们都是生活在父系社会的，他们书写历史，往前追溯，一定会追溯到母系社会。对于他们来说，母系社会是不应该被写入正史的，于是他们就编造了一系列奇特的孕育方式，来解释祖先们是怎么来的。这就是史书上记载了各种奇特的孕育方式的原因。

住在树上的人

原始人一开始是穴居①动物,后来慢慢从山洞里走出来,建造房屋,与一般的动物区别开来,取得了进化史上的大进步。那么,是谁第一个想出建造房屋这样的好点子呢?

豺狼来袭

在旧石器时代②晚期,有一群原始人聚居在一片山林旁边的空地上,空地旁边有一个山洞。他们白天就在山林里采野果子吃,也会利用工具捕捉一些小动物吃,每日为了填饱肚子忙忙碌碌。晚上则回到山洞里睡觉。

可是,他们同样也是森林里那些凶暴的大型动物的捕食目标,

①穴居:在山洞里居住,是人类没有房屋之前的生活状态。
②旧石器时代:石器时代的早期,也是人类历史的最古阶段。这时人类使用的工具是比较粗糙的打制石器,生产上只有渔猎和采集。

不论白天黑夜，总有部族里的人被豺狼虎豹等吃掉的事情发生。大家每天都过得战战兢兢，连一个安稳觉都睡不了。

部族里有一个年轻人，叫什么我们已经无法考证了，只知道这个年轻人在部族里是最聪明能干的，在部族里也很有威信。虽然年纪不大，但是说出来的话却让部族里大大小小的人都愿意听从，所以被大家推举为头领。

这日，他带着几个人到水边去捕鱼，费了九牛二虎之力才抓到几条小鱼，大家都很高兴："太好了，晚上有鱼吃了！这鱼可滑头了，若不是头领眼疾手快，这几条小鱼还没法到手呢！"

几个人拎着鱼，高高兴兴地往聚居地走去，还没走近，就听见部族里传来女人和孩子们痛哭哀号的声音。

"发生什么事了？"

"快走！回去看看！"

年轻头领带着大家快步往聚居地奔去，越靠近山洞，血腥味越浓，看来是发生大事了。年轻头领高声叫道："发生什么事了？"

留在部族里的人看见头领回来了，就像看到了救星，立刻跑了出来，哭着喊道："头领，我们被狼群攻击了！"

"狼群？大白天的怎么会有狼群？"

一位老者说道："看样子是从山那边过来的，听说那边发了洪水，这些狼估计就被赶到山这边来了！"

年轻头领察看着部族里的情况，部族损失惨重，几个腿脚不便的老人被狼群直接咬死，当场就分吃掉了，还有一个刚刚出生没几天的婴儿被狼叼走了。婴儿的母亲晕倒在地，还没醒过来。

看着血腥狼藉的场面，年轻头领心痛至极，这些都是他的亲人，如今却在野狼锋利的爪牙下丧失了性命，剩下的人也惶惶不安。他暗下决心，一定要想办法解决这个问题才行。

鸟窝的启示

他安排人打扫洞穴，安置伤员，自己一个人往山林里走去。来到一棵大树下，他感觉有些累，就躺了下来，头枕在一根冒出地面的树根上养神。这个时候已经是傍晚了，鸟儿们也陆续飞了回来，树林里一片叽叽喳喳的鸟叫声。

年轻头领睁眼看着大树的树冠，这是一棵不知道活了多少年的大树，树冠十分宽大，枝丫无数，成了很多鸟儿筑巢的好地方。

年轻头领望着一个鸟窝发呆，突然灵光一现：如果我们也像鸟儿一样住在树上，那是不是就不怕被那些豺狼虎豹攻击了呢？

他蹦起来，手脚灵活地往树上爬，来到一个鸟窝前，鸟窝里还有几只刚刚孵出来的小鸟，看着他叽叽喳喳地叫着。年轻头领笑了，"鸟儿都知道把自己弱小的孩子放在树上保护起来，我们也可以学

习鸟儿啊！"

　　于是，他在树上找了一个空鸟窝，带回部族里研究。

上树而居

　　接下来的几天里，部族里的人每天都看着自己的头领对着一个鸟窝叽叽咕咕，时不时地还找一些木棍干草回来左搭右搭。大家都猜想头领肯定有什么新鲜的想法了，很默契地不去打扰他，只是按部就班地每日出去采集食物。

　　没过几天，年轻头领大笑出声："成了！成了！"

　　"头领，什么成了？"

　　年轻头领举着手里一个用木棍和干草搭起来的东西，"我找到不被野兽攻击的好办法了！"

　　大家一听都特别高兴，连声问道："什么办法？什么办法？"

　　"我们学鸟儿，上树而居吧！"

　　年轻头领带着部族里的人在山林里的大树上搭了很多个草棚子。棚子的四周和顶上都用干草和树叶严严实实地封起来，这样大家就不怕风吹雨淋了，那些野兽也没办法攻击到他们。

　　大家在树上住了一夜，感觉从来没有睡过这么踏实的觉，醒来之后，都兴高采烈地对年轻头领说："头领，你真是太聪明了！我们就像鸟儿一样，终于有自己的巢啦！"

于是，这个年轻头领就被称为有巢氏，他的做法也慢慢被推广出去，越来越多的部族选择了这种上树而居的方法。有了安稳的住所，人们就可以放心大胆地去探索更多未知的领域，生活也过得越来越好。

史学家称，有巢氏带领着原始人从穴居走向巢居，是人类历史发展的一个划时代大进步，因此，他又被尊称为"巢皇"。

⊛ **相关链接：**

今天的"巢居"

在今天的苗族、壮族、布依族、侗族、水族、土家族等少数民族的传统民居中，有一种和有巢氏发明的"巢居"有着异曲同工之妙的建筑物，那就是吊脚楼。

吊脚楼一般都依山靠河就势而建，下面用木桩或石柱支撑，上面架着的木板作为楼板，然后四壁用木板或者竹排涂上灰泥作为墙壁，用瓦或者茅草做顶。人们住在楼上，下面则用来圈养牲畜，对空间的利用十分充分。

这种屋子的设计十分符合当地居住的环境特点，人住在楼上，既通风干燥，又能防止蛇虫入屋伤人。牲畜在楼下，方便照管。

这种吊脚楼的灵感就来自有巢氏发明的巢居，是远古巢居的发展演变。

奇思妙想造字的仓颉 ①

中国的汉字文化有着几千年的历史，在这几千年里，汉字一直在不断地发展变化，即使到了今天，还不断有新的文字被创造出来。那么，是谁第一个发明了汉字呢？他又是在什么样的情况下创造出来的呢？

结绳误事

仓颉原本是黄帝身边的一个官吏，他的工作主要是负责管理牲口的数目、粮食的数量。这个工作对于一般人来说或许挺难，但是仓颉十分聪明，记忆力超群，所以他做起来得心应手，黄帝也十分器重他。

后来，在黄帝的治理下，有熊国越来越强大，牲口和粮食也越

①颉：jié 。

来越多，管理起来十分困难。仓颉虽然日夜扑在自己的工作上，但是难免也会遇到数量记错的时候。他开始犯愁了，到底怎么样才能把这些繁杂的东西牢牢记住呢？

他苦思几天也没想出个办法，于是决定出去走走，看看有没有灵感。来到一条河边，他坐在河边看着流水哗啦啦地往下流，脑子里却一点头绪都没有。突然，从身后传来两个孩子的声音。

"大哥，我这几天抓的鱼比你多，回去让娘给我做好吃的！"比较小的一个孩子得意扬扬地说道。

"瞎说，你哪有我多！我比你多！"大哥很明显不服气。

"那你怎么证明你比我多？每天的鱼可都是吃掉了的。"

"我自然有办法。看这条绳子，你数数，上面有多少个结？"

弟弟仔细地数了一遍，"十二个。"

"那我这两天就抓了十二条鱼。来，再数数这条，这条上面打的结就是你抓鱼的条数。"

"九条！原来我真的没有你抓得多。"

"那可不！我每天抓了鱼就在这上面打结记下来了，要不还真被你蒙了呢！"

两兄弟说说笑笑地走远了，仓颉却惊喜地站起来，这不就是一个现成的好办法吗？

他回去后把结绳的法子用到自己的工作中，他管理的事情比那两兄弟复杂多了，所以绳子也不一样，分粗细、长短、颜色，有必要的话还要在上面悬挂不同颜色的贝壳、石头之类的东西，以方便记忆。

有了这套结绳的记忆法，他的工作又变得轻松而顺畅了。黄帝知道他的新法子后，好好地把他夸了一通，又给他增加了新的任务，部族里一些对外的事务也交给他来负责记录。

后来，黄帝和炎帝谈判，因为两个部落交界的地方发生了一些矛盾，双方都觉得对方的人到自己的地盘来打猎。黄帝把仓颉叫来，让他把之前记录的双方边界说一下。仓颉在一大堆打结的绳子中翻了半天，还是没找到当时记录的具体情况。黄帝没有办法，在这场谈判中败下阵来。

回到部落，黄帝批评了仓颉，仓颉也感觉自己十分失职，内疚万分，他暗下决心，一定要想一个更好的法子来解决这个问题。

发明文字

仓颉又开始了冥思苦想的日子。他分析来分析去，总结出结绳记事最大的缺陷，就是不同的事情采用的都是绳结来记录，即使用颜色、大小、长短或者悬挂贝壳等小东西来区别，终究也满足不了千头万绪的具体事务的需求。那么，要怎么样才能用独特的方式来

记录不同的事情呢？

仓颉思考的习惯就是到处转悠，这次他又开始在部落里四处晃荡了。

他来到一个三岔路口，见三位老者正在激烈地争论什么事情，就好奇地凑上去听。原来是因为这三位老者正在争论往哪条路上去追赶猎物。一位说往东追有羚羊；一位说往北有鹿群；一位却说西边刚刚过去两只老虎，不追上去的话就让它们逃走了。

仓颉很奇怪，"请问三位老者，你们怎么知道哪边有什么猎物呢？"

三位老者很鄙视地看了他一眼，"这个年轻人真是什么都不懂，难道你不会低头看地上吗？"

仓颉低头一看，前夜刚刚下过雨，地上还很泥泞，三条路上都留着乱糟糟的脚印。

一位老者仔细地给他解释道："看吧，这是羚羊的脚印，那是鹿的脚印，这边是老虎的脚印，明白了吧？"

仓颉点点头，恍然大悟：原来不同的动物有着不同的脚印，那我就用这些东西本来的样子来表示它不就好了吗？

他高兴地哈哈大笑，挥舞着双手就往部落里奔去，留下三位老者看着他的背影。

仓颉回到自己的住所，找出一块木炭、一个木板，然后开始在

上面试着画眼前看到的事物的样子。鱼，他就画一条鱼来表示；山，就画三个山峰表示；河嘛，就画两条并行蜿蜒的线……根据这样的创作原理，仓颉很快就创作出很多不同的符号来，他决定管这种符号叫"字"。

他用自己创造的字写了一小段话，送到黄帝面前，一边给他念一边解释每个字的意思。黄帝觉得这种"字"用来记录很方便，便大大夸了仓颉一顿。

"你这个办法很好，继续多创造一些字出来。还有，你还要教会部族里的人学会念、学会写，将来大家就用这种字来记录东西了。"

仓颉十分高兴，立刻回去埋头创造文字，他还不断地进行字的简化，这样教授和传播都会方便很多。

汉字的出现，标志着中国历史走进了有文字记载的时代，是历史长河中的一件大事，对后世也有着重要的影响。

有趣的甲骨文

　　仓颉一开始创造出来的字是什么样子，今天已经不可考了。但是考古学家们挖出来的几千年前的龟甲上，刻着记录当时重要事件的甲骨文。从这些甲骨文中，可以大概看出当初仓颉造字的基本情况。

　　汉字最开始是以象形为主的，我们以"人"字为例。"人"在甲骨文里这样写的："𠆢"，两个人前后跟着就是"𠈌"——"从"，三个人在一起就是"𠈌"——"众"，若是这个人戴上面具就变成了巫师，也就是"鬼"，因为巫师被看作是与鬼神相通的人，它的甲骨文是这样写的："𢍺"。

　　从这几个字的写法我们可以看出，先辈在创造汉字之初，想法是很直观的，那就是把要表达的东西用图画画出来。经过一定的简化之后就变成了字，这是汉字中象形字的来源。

精卫填海

　　一个小小的女娃，溺死在东海里，心里不服气，就变成了一只小鸟，每日叫着"精卫、精卫"，衔着石头去填海，想要将海填平，以报自己的仇恨。这就是精卫填海的故事。

东海溺亡

　　上古时期，北边有一座山叫作发鸠山 ①。这座山高耸入云，长着茂密的柘树 ②，远远望去，郁郁葱葱十分好看。这座发鸠山上有一种很特别的鸟，外形像乌鸦，却不像乌鸦那样浑身乌黑，它长着花脑袋、白嘴巴、红爪子。人们把这种鸟叫作精卫，因为它每天都叫着"精卫、

①发鸠山：鸠，jiū。发鸠山位于山西省长治市长子县，由三座主峰组成，传说中共工一头撞死的不周山就是发鸠山。
②柘树：柘，zhè。柘树，落叶灌木或小乔木，树皮灰褐色，有长刺，叶子卵形，头状花序，果实球形。叶子可以喂蚕，根皮可入药。

精卫"地在山海之间飞舞。

这精卫鸟可不是一般的鸟，它来头很大，是炎帝的小女儿变的。这是怎么回事呢？

原来，炎帝有一个小女儿叫作女娃，十分活泼可爱，深受炎帝的喜爱。炎帝也喜欢带着她四处走动，连处理公务也不例外。

有一天，炎帝又要出门去处理公务，女娃赖着他要跟着去，可是这次要处理公务的地方比较远，带着她不太方便，炎帝就没答应她，把她留在家里，自己走了。

女娃一个人在家十分无聊，她突然想到自己还从来没有到海边去玩过呢。于是，她偷偷地一个人溜到海边去玩。湛蓝的海水，汹涌的波涛，湿润的海风，还有软软的沙子让女娃高兴坏了。她撒开腿在沙滩上跑起来，时而停下捡几个漂亮的小贝壳。因被炎帝拒绝而低落的心情变得高兴起来。

玩了一会儿，她觉得有些累了，就躺在沙滩上，看着天上的云来云去，看着看着，她就睡着了。突然，她被一阵吵闹声惊醒，原来是附近村里的一群小孩也到海边来玩耍。女娃很高兴，立刻跑过去想要跟他们一起玩儿。刚跑过去，就发现这群孩子正在打架，其中一个大孩子十分霸道，使劲地按着一个小孩子打。

女娃气愤地喊道："住手！不许以大欺小！"

打人的孩子没想到还有人敢阻拦他，抬起头一看，居然还是个

瘦小的女孩子，不屑地说道："滚一边去！少管闲事！"说完继续打人。

女娃立刻冲上去推开他，她人虽小，力气可不小，加上这个打人的孩子没有防备，一下子就被她推倒在地。那些村里的孩子立刻逃回村里去了，留下女娃和打人的孩子对峙。

"你是谁？干吗多管闲事？信不信我打你！"

女娃昂起头，"哼！我父亲说了，有德行的人不会靠武力欺负弱小。你以大欺小，就是不对！"

"你父亲是谁啊？"

"我父亲是炎帝！神农氏的首领！"

打人的孩子"呸"了一声，"我还以为是哪个天神的亲戚呢！原来不过是个凡人的孩子！竟然敢跟我东海龙太子叫板！看我怎么收拾你！"

说完，他翻身往大海跑去，一下子就消失在海中。女娃看着他消失在海中，刚回过神来，就发现一个巨大的海浪向自己扑来。

她立刻转身往岸边跑，可是这是龙太子故意搞的风浪，女娃哪里跑得过，一下子就被海浪卷到海里，再也没有出来。

精卫复仇

过了几天，炎帝办完公务回来，听人回报说女娃已经失踪好几天了。炎帝大惊，立刻派人四处寻找，但是找遍了部落所有地方都没有女娃的踪影。后来还是海边村里的一个孩子说，女娃被海水卷走，在海里淹死了。

炎帝没想到自己不过是出门几天，女儿就被淹死了。他伤心极了，来到海边缅怀女娃。这时候，有一只小鸟一直围着他叽叽喳喳地叫，他本来心情就不好，现在更被这只小鸟吵得心烦。

"来人！拿弓箭来，我要把这只烦人的鸟射下来！"

"王，不可啊！这是您的女儿变成的鸟啊！"有一个随从说道。

炎帝看着这只小鸟，它就像女娃一样，老是喜欢围着自己叽叽喳喳地说话，特别惹人怜爱。炎帝含着热泪道："你一直叫着'精卫、精卫'，那我就给你起名叫精卫吧！"从此这鸟就被叫作精卫鸟了。

炎帝又对着大海悲痛地喊道："精卫啊，你实在太可怜了！好好的一个人就变成了一只鸟！我的女儿再也不能和我说话了，我的心好悲痛！大海你整天波涛汹涌，怎么不平呢？我的子孙后代啊，希望你们再也不要进入这可怕的大海里！"

精卫在旁边听到炎帝的呼喊，心里十分痛苦，她看着一望无垠的大海，内心涌上满腔的仇恨，"你这可恶的大海，我一定要把你

填平！"

她转头往山上飞去，从山上衔来石子，然后丢到海里去，就这样一趟一趟地把石子从山上运到海里。

大海见到她的举动，哈哈大笑："精卫啊，你这样是没有用的！你看我，多么宽广，你怎么能把我填平呢？"

精卫坚定地说道："不管用多久，不管多辛苦，我一定要把你填平，这样才能平复我心里的仇恨！"

"哈哈，那你就填吧！填吧！"大海的狂笑声随着波浪越传越远。

精卫却不管它说什么，继续在山和海之间来回忙碌，一颗又一颗小石子被扔进海里。直到今天，精卫鸟还在做着这件事。

"精卫填海"是真的吗？

"精卫填海"的故事最初记载在《山海经》中，这是一个神话故事，所以，从故事情节上来说，这个故事是虚构的。但是它背后传达的精神含义却真实反映了上古时期人们的生活状况。

女娃在海中被淹死，这体现了人类在大自然面前的弱小和无助。但是，人类没有因为自己的弱小就认输，反而用自己的智慧与恶劣的大自然作着各种各样的抗争。女娃变成精卫鸟，一生不停地衔石填海，这本身就是一种不服输的精神，是人类能够延续至今的重要原因，也是值得今天的人们好好学习的。

夏：
国与家的融合

治水英雄大禹

洪水对于上古的先民来说，是一种恐怖且无法反抗的灾难，所以他们十分推崇能治水的英雄。其中，大禹是最著名的治水英雄。他"三过家门而不入"，励精图治，专心治水的事迹一直为世人传颂。

子承父业

相传，尧帝时期，大地洪水泛滥，给人们的生产和生活带来了巨大的灾难。尧帝是当时的统治者，他看到人们的困苦生活十分心痛，就问身边的四岳："你们觉得应该找谁来治理这水患呢？"

四岳齐声答道："听说鲧①很有才能，您可以试一下。"

尧帝摇摇头，"这个人不敬天命，破坏同族，不是一个可用的人。"

①鲧：gǔn。大禹的父亲。

四岳劝道："实在是找不到比鲧更能干的人了，请您试一下吧！"

尧帝想了想，确实也找不到可以替代鲧的人，就同意了四岳的意见，让鲧来治理洪水。

鲧可不是什么无名小卒，他的父亲是颛顼，颛顼的父亲是昌意，而昌意的父亲是黄帝，所以说他是黄帝的玄孙，可以说是名门之后。得到尧帝的命令之后，鲧就踏上了治理水患的道路。

鲧治理水的方法出自共工氏，就是修建高高的堤坝把水围起来，但是当时的洪水实在是太大了，堤坝根本拦不住凶猛的洪水。经过九年辛辛苦苦的治理，水患依然没有解决。

这时候已经是舜在代理尧帝的工作了，他巡视天下，见鲧治水无功，就把他杀死在羽山①。

这人是杀了，可是洪水还得想办法治理啊！于是，舜帝又让鲧的儿子禹接替他的工作，继续治水。

父亲因为治水被杀，禹心里当然难过，但他还是想通过自己的努力把洪水治好，将来有机会给自己的父亲平反。于是大禹子承父业，开始治理洪水。

---

①羽山：位于江苏东海县和山东临沭县交界，是东海县最高峰。羽山东西长约3公里，南北宽1.5公里，背倚齐鲁、襟怀吴楚，是一座名垂青史的千古名山。

改堵为疏

禹接到治水的任务后，首先就是去勘察现场，到各地去考察水灾的实际情况。经过考察，他发现一个问题，他父亲鲧采用的堵的方法，让洪水更加猛烈了。他决定改变策略，不再想办法修堤坝把洪水堵起来，而是给洪水开辟去路，挖掘更多的河道，把洪水分散开来，减少它的破坏力。鲧的下场让他心惊胆战，他把自己的策略演练了很多遍，最终确定了改堵为疏的治水方案。

禹虽然出身黄帝家族，但是并不以贵族身份自居，在外治水的时候，艰苦朴素，粗茶淡饭，在民众心目中得到了极高的评价，人们也十分支持他的治水工作。

禹总是随身带着绳墨和规矩，用来划分九州 ①。九州划定之后，禹根据山脉和水脉的走势，开通了九条山脉的道路，又打通了九条大河的水路，高处的水顺着水路一直往东流，最终汇聚到东边的大海之中。洪水被制住了，所有的山川河流也都得到平定，人们的生活终于安定下来，九州之内都可以安居乐业。

从此，东临大海，西至沙漠，从北方到南方，天子的声威教化达到了四方荒远的边陲。舜帝为表彰禹治水有功而赐给他一块代表水色的黑色宝玉，向天下宣告治水成功。天下从此太平安定。

---

①九州：传说中的我国上古行政区划，后用作中国的代称。

三过家门

大禹治水，整整用了十三年。这十三年里他尽心尽力，不敢有丝毫懈怠。其中，最为人们津津乐道的就是他三过家门而不入的故事。

治水的过程十分辛苦，更何况还有父亲鲧的教训在前面，所以禹自从开始治水就丝毫都不敢偷懒。每天雨里来水里去的，脸庞晒得黪^①黑；由于长期泡在水中，他手上和腿上的汗毛全部脱光了；因为要用力地铲土，所以手上长满了茧子；因为要跋山涉水，所以脚上也长满了厚厚的老茧。

而他在十三年治水的过程中曾经经过自己的家门三次，都因为忙于治水而没有回家，丢下妻子涂山氏在家，连儿子启出生的时候都没有回去看一眼。

大禹成功治水得到了人们的认可，他走遍九州，对天下的情况了如指掌，这为他后来继承舜帝的帝位并掌管天下，提供了非常实用的经验。

---

①黪：qū。形容颜色很黑、很暗。

涂山化石

涂山氏是大禹的妻子，大禹新婚三日就被舜帝派去治水，独留涂山氏一人在家。没过多久，她就发现自己怀孕了，可是大禹一直没有回来，她只能自己照顾自己。突然有一天，她听人说大禹治水到了家附近，涂山氏喜出望外，可是左等右等，就是等不到大禹回家。后来她实在忍不住，不顾即将临盆的身子，爬沟过坎去找大禹。

大禹正准备打通轩辕山，突然看到妻子来了，十分意外，也很高兴。涂山氏得知大禹忙于治水无法回家，她就提出要每天为大禹送饭，这样至少可以见大禹一面。

大禹本想拒绝，但见涂山氏的态度十分坚决，就同意了，不过提出一个要求，要涂山氏每天听到他击鼓才能来送饭。涂山氏答应了。就这样，涂山氏每天都煮好可口的饭菜，等着山那边传来鼓声，然后她再送饭过去。

这日，山那边又传来鼓声，涂山氏高高兴兴地装好饭菜，给大禹送去。可是等她到了山那边，眼前的景象让她惊呆了。只见一头大黑熊正哼哧哼哧地扒着山石，它身上穿着大禹的衣服。原来，大禹在挖山的时候变成了一头熊，这让身为妻子的涂山氏感觉十分羞惭，她丢下饭篮转头就跑。

　　大禹也很惊讶，平时他都是恢复人形之后才敲响大鼓让妻子送饭过来的，今天在扒开山石的时候不小心掉了一块石头砸在大鼓上，传出鼓声，才让一直蒙在鼓里的涂山氏知道了真相。

　　大禹来不及化为人形，就跟在涂山氏身后狂追，一路高叫着"不要跑"，涂山氏却越跑越快，眼看到了绝路，就变成了一块大石头。大禹十分焦急，立刻大喊一声，"把我儿子还来！"

　　只听天崩地裂的一声响，大石头从中破开，掉出一个婴儿，然后又合上。大禹抱着自己的孩子，看着化为石头的妻子，十分悲痛，就给孩子命名为"启"，以此怀念涂山氏。

"家天下"的开端

"公天下"的意思是天下为公，指的是尧舜禹时代，那时候的王位传承采用禅让制，继承人是在所有人中选拔出来的；"家天下"则是指天下为家，王位继承方式变成了世袭制，父死子继。这种根本性的改变是如何发生的呢？又是谁开了这个先河？

谁来继承？

大禹老了，他开始琢磨到底该由谁来继承自己的王位。

他有一个儿子，名字叫作启，这孩子聪明能干，从小就有领导风范，是一个当帝王的好苗子。从大禹的私心来说，如果自己的儿子能继承王位，那也不枉自己在这个位置上辛辛苦苦地奋斗了这么多年。但是，他的王位是从舜帝那里继承过来的，人家舜帝都没有

把王位传给自己的儿子，反而给了他，大禹也不好意思直接让自己的儿子来当这个君主。

启是一个聪明人，他每日都服侍在禹身边，自然把大禹愁闷的样子看在眼里。有一天晚上，等到来找大禹商量国事的大臣都走了，启凑到大禹耳边："爹，儿子知道你在想什么。其实你根本不用想这么多，现在王位在你手上，天下人都听您的，你要谁来继承王位谁还敢说二话不成？"

大禹瞪了他一眼："你说得轻巧。这王位现在是我坐着没错，但是不代表我就能把它传给你。要知道历代的王位传承人都是从有才之人中选拔出来的。"

启很自信地拍拍胸脯，"你儿子我能文能武，处理朝廷事务也十分在行，难道还不算有才之人吗？"

对于这点，大禹也不好反驳，启的确很有政治才能，"但是，很多元老都跟我推荐伯益来继承我的位置啊！"

"伯益？"启皱了皱眉头，"就是那个成天跟牲畜打交道的家伙？他有什么才能？"

大禹敲了他一记，"什么叫成天跟牲畜打交道？你要知道伯益是十分擅长饲养牛马羊的人，因为他，咱们才不缺肉吃，你怎么敢轻视他？再说了，当初我治水的时候，他可是鞍前马后地跟着我，从来不叫苦、不叫累，给了我很大的帮助！这些元老之所以推荐他，也是因为他在治水过程中的突出表现，明白吗？"

启沉思了半晌，抬头说道："爹，我明白你的意思了，我也会努力做出成绩，让这些元老对我刮目相看。"

于是，启在工作中更加勤恳，遇到不懂的事情就很谦虚地向其他大臣请教，也努力想办法为老百姓多做点事情，很多事情都亲力亲为。通过一段时间的努力，他在元老、诸侯和百姓心目中的地位得到了很大的提升。

大禹死后，最终还是按照惯例把王位传给了伯益。可惜，伯益的屁股在王位上还没有坐稳，朝廷里就出现了不利于他的声音。原来，伯益虽然在治水过程中挣来了好名声，但是他之后就主要负责牲畜的养殖工作了，对于国家管理方面接触较少，所以处理起这些事情有些左支右绌^①，出了不少纰^②漏。

诸侯们就说道："大禹选的这个继承人不行啊，我们还是去朝见大禹的儿子启吧，他才是最适合继承王位的人！"于是大家都跑去见启了。

伯益没有办法，只好效仿大禹，又把王位传给了启，自己鞠躬下台了。

从此，启就坐上了王位，成为中国历史上由"禅让制"变为"世

---

① 绌：chù。表示不够、不足的意思。
② 纰：pī。原指布帛等被破坏，引申为差错，漏洞。

袭制"的第一人。自此，原始社会宣告结束，奴隶社会 ①开启，启也是传统上被公认的中国第一个帝王。

谁敢反对？

启虽然坐上了王位，但是毕竟改了老祖宗的规矩，所以招来了一些人的反对。其中反对最厉害的就是有扈氏 ②。

这个有扈氏可不简单，它是当时一个强大的部落，一直对部落联盟的统治就不太服气。大禹在位的时候，就曾经对有扈氏发动过战争，把他打得服服帖帖的。这也是他在大禹统治期间比较乖的原因。

但是大禹死了，他就又开始对王位有了觊觎 ③之心。没想到，大禹的儿子居然敢跳出来继承王位，有扈氏不愿意了。

"开什么玩笑，这天下又不是你大禹家的天下，凭什么你死了就让你儿子来当这帝王啊？我有扈氏这么有实力，是不是也可以来争取一下王位？将来我也传给我的儿子，子子孙孙无穷尽也。"有扈氏有了这样的想法，就开始表现出对启的统治不服的姿态。

启可是新王上任，竟然就有人敢不给他面子：跟我唱反调，若

---

①奴隶社会：一种社会形态，以奴隶主占有奴隶和生产资料为基础。

②有扈氏：扈，hù。有扈氏，夏代时期一个部落或酋邦。有学者认为其故地在今河南郑州以北新乡的原阳、原武一带。

③觊觎：jì yú。希望得到（常表贬义）。

是不把你给收拾了，将来谁还服我管？

于是启调集军队，发表了一番感人至深的誓师词，大概意思就是说："我对有扈氏的财产土地和人都不感兴趣，之所以要发动对他的战争，实在是因为有扈氏不敬天命。若是不教训一下有扈氏，那上天就该惩罚我们了！所以，有扈氏，我们必须打！"

怪不得启能够继承这个王位呢，瞧这誓师词说得多么有理有据：有扈氏之所以挨打，不是因为他们不尊重我这个帝王，而是他们不尊重上天。无形中，他就把自己继承王位变成了老天的安排，谁要反对他就是反对老天，大家也就不敢再质疑他是否有资格继承王位了。

启和有扈氏之间的这场战争史称"甘之战"，因为战场在"甘"这个地方。具体怎么打的已经不可考了，不过有扈氏败给了启是不用质疑的。通过这场战争，启坐稳了王位，掀开了夏朝历史的第一页。

井是谁发明的？

在农村，古井是一种很常见的东西，可以说，有人居住的地方就有井。但是，井是谁发明的呢？

这个人就是和启争王位失败的伯益。相传，伯益是第一个凿井人。在治理洪水的时候，他是大禹的得力助手，可能是因为长期与水路打交道，他发现了地下水的存在。于是他就开始思考，既然地下有水，那我们能不能在地上打一个洞下去，然后从洞里取地下水上来用呢？这样的话，人们就不用为了取水方便非要住在河边水边了，那将来发生洪水，也能减少一些伤亡吧？

说干就干，他立刻带领人在离一条大河稍远的地方往下打洞，经过一段时间的辛苦挖掘，居然真挖出水来了。伯益尝了一口，甘甜清凉，比河水更好喝。这凿井取水的想法果然可行。

很快，这种水井就流传开来，很多居住在山区或者缺少河流地方的人也能有方便的水取用了。

玩物丧志的太康

夏朝是中国历史上第一个奴隶制国家，但是传到第二代就差点变成一个短命王朝，这是怎么回事呢？作为启的儿子，夏朝的第二个王太康，又是如何死于非命的呢？

武观之乱

夏启推翻禅让制，平定了有扈氏的叛乱，建立起新的继承方式——世袭制，将"公天下"变为"家天下"，最终建立起中国历史上第一个奴隶制国家。

可惜这样辛苦得来的结果，启却没有好好地守护。成为夏朝的第一个王不久，他就将他父亲禹艰苦朴素的作风丢到脑后，开始享受起奢侈的生活来。他经常举办大型的宴会，必须有大型乐队伴奏，大型乐团高唱，万人同舞，美酒美食更是琳琅满目，任取任食。

这种奢侈糜①烂的生活，让启好不容易建立起来的一点威望消失殆②尽。到他晚年的时候，他的五个儿子也不安分了，都想继承他的位置。其中，最小的儿子武观就在西河拿起武器发动叛乱，直接威胁到中央王权。

启对武观的行为十分失望，把他放逐到东边的海滨。但是，这只是一场内乱的开端而已。因为武观大胆的行为，让启的其他四个儿子内心的欲望也膨胀起来。等到启因为长期奢靡过度的生活病死之后，剩下的四个儿子就开始你争我夺起来，这场王位之争最终由太康取得胜利，继承了启的王位。

人们以为太康千辛万苦地打败了自己的几个兄弟，最终夺得王位，肯定会吸取启的教训，改善朝政，成为一个英明的好君主。但是事实却恰恰相反，太康上台之后，并没有做一个好天子的打算，他完全继承了启奢侈糜烂的生活作风，每日流连于美色酒肉之中。别人劝他以天下百姓为重，要他勤于政事，可他却对此置之不理。

太康的行为让大家十分失望，渐渐地失去了民心。其实，太康是放心得太早了些，毕竟他是经过兄弟争位才上台的。这一场动乱带来的影响还没有完全消除，毕竟还有一些诸侯对王位觊觎已久。

有人可能要说了，夏朝不是"家天下"吗？不是由儿子继承父

---

①糜：mí。指浪费的意思。

②殆：dài。此处指几乎、差不多的意思。

亲的王位吗？怎么还有诸侯敢抢夺帝位？是的，夏朝的确是实行世袭制，但是也不过实行了两代而已，人们对这种新的继承方式还没有从心里认可，自然就有很多自认为有能力、有实力坐拥天下的诸侯对这个王位感兴趣。

太康失国

太康在宫中待久了，每日歌舞升平，饮酒作乐，心里烦闷，就想着换一种方式玩。下面的人就建议道："大王，不如出去玩吧！这个时候正是打猎的好时机。"打猎出游可是太康的一大兴趣，他一听这个建议，再看天气晴朗，的确是出去玩的好时机。于是一声令下，他就带齐人马，浩浩荡荡地离开都城打猎去了。

他这一撂挑子走了，完全忘记了自己是一个天子，还有管理天下的重任呢。太康走之前没有对朝政做好安排，大臣们有事不知道找谁汇报，有问题了又不敢自行决策处理，一时间朝政十分混乱。

太康却丝毫不把这些放在心上，他完全忘记了自己的职责，每日沉迷于狩猎的乐趣中。狩猎的地方越来越远，时间也越来越长，居然好几个月不回都城处理政务。一个普通家庭，一家之主离开几个月不管家，家里就会变得混乱不安，何况是一个国家呢？太康这一甩手走人，可算是给了有心人可乘之机。

这个有心之人就是位于黄河下游的有穷氏的后羿。后羿野心勃勃，一直都想夺取夏王的权力，这会儿听说太康居然离开都城好几个月没回去，都城一片混乱。他暗笑，总算等到机会了。

他带领着大批人马，亲自守在洛水北岸，等着太康狩猎归来。太康出去打了几个月的猎，终于觉得累了，就带着大批猎物往回走，完全不知道危险就在前面等着自己。

等他兴高采烈地走到洛水南岸，准备渡江时，对面突然冒出一支队伍。他还以为是都城那边派人过来接他，就对下面的人说道："这些臣子还是很有心的嘛，他们也不知道我哪天回来，肯定派人在这里等着迎接我好几天了！快去，让他们把船开过来，我要过江了！"

下面的人照着太康的吩咐朝着对岸喊话，话音刚落，一支利箭破空而来，插在他的胸口，人当场就死了。

太康吓了一跳，连忙从自己的辇车①上下来，躲在车后，"怎么回事？怎么回事？护驾！快护驾！"

后羿射出这一箭之后，才骑着马从军队后面走了过来，站在洛水边上对太康说道："大王，我听说你很喜欢打猎，所以守在这里，你就放心去打猎吧！"

太康见是后羿，这才从车后走了出来，抖抖衣裳，摆出天子的

---

①辇车：辇，niǎn。辇车，古代宫中用的车，后来多指皇帝、皇后坐的车。

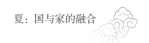

架势：“原来是你啊！后羿，你有心了！我已经打猎完了，准备回都城，就不劳你守在这里了。你快撤兵回你的领地去吧！”

“哈哈哈！”后羿大笑三声，“你还想回都城做你的王吗？做梦去吧，受我一箭！”

后羿可是有名的射手，射得远，准头好。他拿起弓箭，对准太康就是一箭，只听“嗖”的一声，一支箭就插在了太康的胸口。太康难以置信地看着这支箭，他死也不明白，自己堂堂一个帝王，怎么就这么被人射死了？

太康死后，后羿趁机占领都城，掌握了朝政。①

①关于太康的下场还有一个说法：太康失国之后，在流放中，困于一个小城堡，守着一小队部下关起门来戴个纸冠，无奈地过了十多年后，郁郁而终。此后这个地方就叫太康，也就是现在的河南省太康县。

后羿射日

传说，远古的时候天上原本有十个太阳，它们都住在东方海外的一棵名叫扶桑的大树上。每天轮流着挂在天空，为大地送去光明和温暖。

有一天，十个太阳闹矛盾了，他们不愿意一个一个地轮着出去了，都想出去玩。争论不下，于是十个太阳一起出来，同时挂在了天空上。这下可就了不得了。火热的太阳烤焦了森林，烘干了大地，晒干了禾苗草木，人们眼看着都要渴死饿死了。

这时候，出来一个叫作后羿的英雄。他是一个神射手，见这十个太阳给人间带来了恐怖的灾难，就张弓搭箭，向着天空中的太阳射去。只见天空出现爆裂的火球，坠下一个个三足金乌。

等到只剩最后一个太阳的时候，太阳说："放过我吧，我会每天按时出来给你们送来光明和温暖，不会再乱来了。"后羿一想，留下一个也好，就把弓箭放下了，所以现在天上就只有一个太阳。

窃国枭雄寒浞 ①

有一个人，曾经为王，却在正史上找不到他的踪影，这人就是寒浞。他本是乡间一个顽劣少年，却先占有穷国，后灭大夏朝，成为一代"帝王"。只是他失德窃国的行为令人不齿，实在是可悲可叹。

十六岁的相国

寒浞是伯明氏的后代，他的祖先是为黄帝掌管车服事宜的官吏，因为有功于黄帝，所以被封在一个叫寒的地方，称为寒国，其后代也姓寒。寒浞就出生在寒国的一个乡村里。

他从小就顽劣异常，不服父母管教，欺凌弱小，搅得邻里不安。父母下了狠心管教他，却被他绑起来，然后自己出去玩耍了。这一

①浞：zhuó。

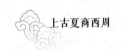

行为惹怒了族人，族长把他驱逐出寒国，终生不许他回国。

寒浞从寒国出来的时候只有十三岁，他在路上遇到了一位奇人，学了一身本事，然后就到有穷国去投奔后羿。后羿是有穷国的首领，也是远近闻名的大英雄。少年寒浞对英雄有着强烈的崇拜之情，就打算去跟随后羿，干一番大事业。

后羿见到聪明伶俐的寒浞，心里十分喜欢，就把他收为义子。大臣们却看出寒浞的本性极坏，都反对后羿重用寒浞。寒浞一心想要在有穷国立足，见大臣们都不喜欢自己，就想办法掩藏自己的本性，改变大家对他的印象。

他一方面谨慎小心，施展手段讨后羿欢心，赢得他的信任；另一方面又想办法投其所好，结交朝中权贵。时间长了，朝中大臣们对他的看法也有所改观。再加上寒浞武艺高强，确实有几分真本事，在和其他诸侯的作战中十分英勇，立下了许多功劳，不到一年就当上了大将军。

后来后羿年纪大了，生活也日益腐化，开始沉迷于酒色之中。寒浞见后羿如此，心里暗喜，他早就想占有后羿的王位了。于是他挑选了很多能歌善舞的美女入宫陪伴后羿，又不断送上后羿喜欢的东西，让他深陷其中无法自拔。

后羿对寒浞满意极了，对大臣们说道："寒浞真是个好孩子，有了这个义子，我算是高枕无忧了！"他不顾大臣们的反对，将朝

政上的事情全权交托给了寒浞，寒浞则抓住机会，利用这些权力结党营私，扩充自己的势力。

后羿见寒浞处理朝政的时候十分能干，干脆就封他做了相国。于是，一个十六岁的相国就这样诞生了。

有穷称王

后羿封了寒浞做相国之后，自己就更加放心大胆地去享乐了。他喜欢巡游打猎，经常把国事托付给寒浞，自己带着人出去游猎玩乐。

有一天，他在路上遇到了一个十分美丽的女子，这个女子叫作纯狐。看到纯狐，后羿立刻觉得自己后宫里的那些女子都变成了丑八怪。他不管纯狐是否愿意，强行把她召入宫中，纳为少妃。

纯狐是个十八岁的妙龄女子，现在却被迫来陪伴一个老头子，心里自然不满意。不过她是个聪明的女子，所以只把不满意藏在心里，直到她见到了寒浞。

寒浞和她年纪相当，长相俊美又位高权重，怎么看都比后羿更有吸引力。寒浞此时虽然已经由后羿做主娶了一个妻子，但是他对纯狐也是一见钟情。于是两人勾结起来，计划谋害后羿，夺取他的王位。

他们用了三年时间，里应外合，哄得后羿把朝里那些不满寒浞的大臣都杀了，留下的全是寒浞的党羽。等到时机成熟，寒浞就一举杀掉后羿，夺取了有穷国的王位，还把纯狐立为正妃。

灭夏称帝

寒浞虽然顺利地在有穷国称了王，但是他很清楚，这不过是夏朝的半壁江山而已，另外一半还在夏王相手里。他不敢掉以轻心，因为以有穷国目前的实力，若是夏王相联合其他诸侯来攻打自己，那自己这个王位可能还没坐热乎就要换人了。

于是他征招青壮年入伍，加强军事力量，时刻做好战争准备。为了争取民心，他还对统治区内的平民实行削富济贫、减轻赋税等一系列政策，使人们的生活逐渐得到改善，国势也逐渐强大起来。

寒浞十一年，寒浞觉得自己在军事和经济方面所做的准备已经足够向夏朝挑战了，他带着自己的两个儿子寒浇和寒戏向夏王朝统治地区发起了全面进攻。寒浇和寒戏都是英勇善战之人，是寒浞在战场上的得力助手。

有两个儿子的协助，寒浞用了十年时间灭掉斟灌氏[①]和斟鄩氏[②]两大诸侯，除去了夏王朝的左膀右臂。紧接着，兵分三路围攻夏都帝丘。

①斟灌氏：斟，zhēn。斟灌氏，古国名，今山东省寿光境内。
②斟鄩氏：鄩，xún。斟鄩氏，古国名，在今山东潍坊西南。

夏王相率城中军民拼死抵抗，终因势单力薄，挡不住寒浞大军的强大攻势。寒浞大军攻破帝丘后，残酷地屠杀城中军民和夏后氏大臣，夏王相及族人皆被杀死，宫室内外血流成河。

至此，夏朝正式亡国，夏朝的统治区域全部掌控在寒浞手里，寒浞成为夏朝历史上唯一一个外姓帝王。

嫦娥奔月

后羿在史书上是有穷国的统治者，同时，他也是神话传说中的射日英雄。他的妻子叫作嫦娥，是一个十分美丽的女子。

后羿射日成功后，成为人们心目中的大英雄，得到了大家的崇拜和追捧，就连天上的西王母也赐下不死药，嘉奖他挺身而出拯救黎民百姓的事迹。后羿很开心，他想和妻子嫦娥一起分享这不死药，于是就把药盒交给嫦娥保管，说好等把人间的事情处理好了，就一起吃药，飞升成仙。

后羿有一个徒弟叫作蓬蒙，他知道了不死药的事情，就心怀鬼胎，想要窃取不死药。这日，后羿出去办事，留下嫦娥一人在家，蓬蒙见机会来了，就去偷药，却让嫦娥撞个正着。眼见偷药不成，蓬蒙干脆就动手抢。

嫦娥不是蓬蒙的对手，她情急之下，就把药塞进了嘴里，飞入月宫成了月仙。后羿回到家中后得知真相，十分心痛，便每到月圆之夜就在院子里摆上嫦娥爱吃的瓜果，望着月亮，想念嫦娥。

这就是八月十五拜月的来历。

从狗洞爬出来的明君

　　一个靠着母亲爬狗洞才活下来的遗腹子，通过自己的努力，争取到别人的帮助，最终打败了自己的仇人，重新掌握了政权，成为历史上的明君。这个人就是夏朝的第六个君主少康。

积蓄力量

　　夏朝在太康失国之后，朝政被后羿把控，后来又被寒浞夺取了王权。启的儿子、太康的兄弟仲康在后羿手下当了几年傀儡①天子，生下相，相后来被寒浞逼迫着自杀了。相自杀的时候，他的妻子后缗氏②已经有了孩子。

---

①傀儡：kuǐ lěi。原指木偶戏里的木头人，后比喻受人操纵的人或组织（多用于政治方面）。
②后缗氏：缗，mín。后缗氏，夏朝第五代君主姒相的妻子。

失去丈夫的后缗氏，为了保护腹中的孩子，跟着宫女从皇宫的狗洞里爬出来，逃回了娘家有仍氏部落。第二年便生下了一个儿子，取名少康。后缗氏是一个十分聪慧贤良的人，她对少康的期望很高，从小就用心地培养他。

少康很聪明，小时候也很顽皮。有一天，他在外面和小伙伴们玩到很晚才回家，忘记了母亲给自己留的功课。等他回到家的时候，发现母亲黑着脸坐在屋子里等他。他连忙认错，后缗氏却没有轻易原谅他，让他跪在祖先的牌位前思过。

"儿啊！你可知你身上肩负着复兴夏朝的重任啊！"后缗氏忍不住抹起了眼泪。

少康还不知道自己的身份，听到这话，觉得很意外，后缗氏便跟他讲了祖上失国的惨痛历史，让他牢记耻辱，强大自己，将来夺回王位，复兴夏朝。

从那一天起，少康仿佛一下子长大了。为了实现复兴夏朝的目标，他奋发图强，努力学习，增长自己的知识。等他长大之后，便在他外祖父手下担任牧正，也就是主管畜牧的长官。

少康一边尽力做好牧正的职责，一边学习带兵作战的本领，这一切都是为了将来可以兴兵复国。

时间长了，寒浞知道了少康的存在。于是，寒浞的儿子寒浇派

人来捕杀少康，少康赶紧逃跑，从有仍氏逃到了有虞氏 [①]。

有虞氏的首领很喜欢少康，就让他担任庖丁 [②]，负责掌管饮食。还把自己的两个女儿大姚和小姚嫁给了他，又给了他一块方圆十里名叫纶的肥沃土地和五百兵士。

这些都成了少康复兴夏后氏的原始资本。他在自己的土地上，训练扩充军队，体察百姓疾苦，争取民众的支持，并召集夏后氏的旧臣前来和他会合。

少康的苦心没有白费，有一个夏朝的旧臣来帮助他了，这人就是伯靡。伯靡本是夏朝的属臣，太康失国后，他为后羿所用，后来又被寒浞逼迫，逃到了有鬲氏 [③]避居。

但是他没有一蹶不振，而是依靠有鬲氏的力量，收拢被有穷氏攻灭的斟灌氏、斟鄩氏等夏朝遗民，组织力量，准备为恢复夏后氏统治而战。少康的召唤让他看到了胜利的曙光，他立刻就到少康的领地与他会合。

一举复国

少康和伯靡见了面，确立了双方共同的目标，那就是打倒寒浞，

①有虞氏：虞，yú。有虞氏，上古时代舜帝的部落名。
②庖丁：庖，páo。庖丁，指厨师。
③有鬲氏：鬲，gé。有鬲氏，古国名，位于河洛之间（今河南偃师一带）。

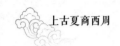

复兴夏后氏。但是，这话说来容易，做起来就难了。因为即使少康和伯靡两个人的力量加起来也不足以和寒浞抗衡，毕竟寒浞拥有的是整个夏朝的兵力。

这可怎么办？总不能就这样放弃吧。这个时候，一个女子来找少康，她叫女艾。女艾本是一名将军，有着丰富的战斗经验，有勇有谋，十分能干。她听说了少康的苦恼，就来找少康献计。

"既然我们和对方的兵力相差很大，那就不能硬碰硬。我们必须要得到有关寒浞和都城的更多情报，才好与他作战！"

少康点头道："你说得对，但是这做起来谈何容易？寒浞是一个十分阴险毒辣的人，我只要一出现在都城，就会被他杀死！"

女艾笑了笑："那就由我乔装打扮，到都城打听一下消息吧！有了内应，再推翻寒浞就容易多了！"

于是，女艾乔装打扮来到都城，四处打探消息，了解民情，为少康提供了宝贵的情报。有了这些情报，少康很快就攻灭了寒浞的两个儿子寒浇和寒戏。伯靡则配合少康，率领有鬲氏和斟灌氏、斟鄩氏大军进攻，与寒浞率领的有穷氏军队决战。伯靡军声势浩大，战斗力强，一举攻灭了寒浞的有穷氏军，杀死了寒浞。

寒浞政权随之瓦解，少康为王，恢复夏后氏统治。少康上台之后，吸取先祖们的教训，勤政爱民，发展农业水利，中兴夏朝，史称"少康中兴"。

酿酒鼻祖少康

曹操在《短歌行》中说道："何以解忧，唯有杜康！"这杜康就是美酒的代称，但它其实也是一个人名，这个人就是中国粮食酿酒的鼻祖杜康，相传杜康就是夏朝的中兴君主少康。

传说，有一天，少康在桑园里做事的时候，家人送来午饭。他吃了之后还剩下一些，就随手将饭碗放在桑园的树洞里继续做事，把这事儿给忘了。过了一段时间，他又来桑园做事，突然闻到一股醇香的味道。循着这股味道，他找到了那个树洞，原来这味道便是从之前他放进去的那个饭碗里发出来的。

他拿出饭碗一看，只见里面有很多水，闻起来醇香扑鼻，他忍不住喝了一口，那种刺激爽口的味道让他忍不住吧唧了几下嘴。

"这东西如此好喝，我为什么不多做一点呢？"于是少康就拿大坛子装了很多的秫①米饭，按照同样的方式放置起来。过了许久，坛子里的秫米饭就都成了那种好喝的水。

"这个叫什么呢？"有人问少康。

"既然是用大坛子酿造出来的水，就叫它酒吧！"

这就是酒的故事。

①秫：shú。古代指有黏性的谷物。

夏朝的末日——鸣条之战

夏朝是我国历史上第一个世袭制王朝，它的最后一个君主是桀。这位桀王可不是个省心的主儿，他愣是一手把祖宗建立的基业毁于一旦。那么，夏朝是如何亡国的呢？

桀王的危机

夏朝的王位传到孔甲之后，就进入了一个无法逆转的下坡期。孔甲不理朝政，迷信鬼神，还喜欢打猎玩乐，根本不管民众的死活，使得人们怨恨，诸侯都有了反叛之心。国力衰弱，也就无法驾驭各诸侯国，诸侯国没有了夏朝的压制，都各自想办法发展，进而取夏朝而代之。

约公元前 16 世纪，夏桀在位，这个时候诸侯国已经不再按照规矩来朝贺①王室了。夏桀却不管这些，只管自己享乐，过着奢靡的生活。他性好美女，从各地搜寻美女，藏于后宫，每日就和这些美女饮酒作乐。为了满足自己的欲望，还不断地搜刮民众的财物，用来修建更大的宫阁楼台。

这样的夏桀让民众们太失望了，诸侯国见夏桀如此，也都轻视他。

大臣劝诫道："王啊，老百姓们对您怨声载道，您不能再这样下去了！再这样下去，我朝要亡啊！"

夏桀傲慢地说："你太多虑了！你可知道，我就是天上的太阳，只要太阳一天不落下来，我就不会亡，夏朝也不会亡！"

这话传到民间，老百姓们都痛恨地指着天上的太阳说道："你这个可恨的太阳啊！你什么时候掉下来啊？我们愿意和你一起灭亡！"

老百姓如此憎恨夏桀，另外一个国王却得到了百姓的真心拥戴，那个人就是商汤。

商汤是历史上的一个明君，在他继位之前，商国势力已经相当强大，农牧业的发展让商国拥有丰厚的财力，等到商汤继位的时候，商国已经是夏朝诸侯国里的强国了。

商汤并没有躺在祖先的功劳簿上睡大觉，相反，他是一个十

---

①朝贺：朝觐庆贺。

分勤快的君主。对内，他在左相仲虺 ①和右相伊尹的辅佐下，治理好内部，鼓励商统治区的人民安心农耕，饲养牲畜；对外，则团结友善地对待其他诸侯、方国。

商汤仁义的名声越来越大，愿意归顺商汤的诸侯国也越来越多，商汤的实力也越来越强。

决战鸣条

商汤对夏桀的那个王位很感兴趣，但是他是一个行事稳妥的人。他一边研究灭夏的计划，一边想办法摸透夏国的底细。

右相伊尹是一个很有胆量的人，他对商汤说道："王，我愿意去夏王都探察一下那边的情况。"

"这可是一件危险的事情，怎么能让你去做呢？"商汤一开始并不同意，右相伊尹就相当于他的右手，是十分重要的股肱 ②之臣。

伊尹笑道："我原本不过是一个出身奴隶的厨子，是您给了我机会，让我有机会出人头地，做了这风光显赫的右相。我心里对您充满了感激，您现在要灭夏，我自然应该出一份力。请允许我去夏

①仲虺：虺，huǐ。仲虺，姓任，又叫莱朱，又名中垒，商汤时期的著名大臣。他辅佐商汤灭夏，建立商王朝，成为一代名相。据说其出生时雷鸣电闪，古时候形容雷鸣声为"虺虺"，所以起名叫"虺"，排行老二，所以叫任仲虺。
②肱：gōng。胳膊上从肩到肘的部分，也泛指胳膊。

都探察情况吧！"

商汤见他说得恳切，就点头同意了。

伊尹到夏都住了一段时间后，回来告诉商汤："王，虽然夏王荒淫无道，百姓对他十分憎恶，但是现在还不是讨伐他的好时候。因为还有一些诸侯国对夏王死忠，如果我们贸然出兵，肯定会受到这些诸侯国的攻打。"

商汤皱着眉，"那怎么办？我是一天都等不了了！"

"王，不要心急，夏国肯定是要灭掉的，只是要再多等一段时间而已。这段时间，我们就养精蓄锐，削弱夏王朝的势力，等到合适的时机一举灭夏。"

商汤同意了伊尹的意见，更加用心地发展国内经济，训练军队，使商国的军队拥有更强的战斗力。

大约公元前 1600 年，商汤正式兴兵讨伐夏桀。为了鼓舞士气，他举行了隆重的誓师大会。在会上，他这样说道："我今天攻打夏王，并非我犯上作乱，而是因为夏王犯了上天都难容的罪恶，上天命我去诛罚他，解救老百姓于水火之中。你们帮助我的，我会有丰厚的赏赐；若是违反我的命令，就通通格杀勿论！"

商军经商汤誓师大会后，士气大振，都表示愿意与夏军决一死战。

于是，商汤带着七十辆战车和六千人的精锐部队，联合周边的方国，攻打夏王朝。桀王没想到商汤居然敢带兵来攻打自己，一时措手不及，临时调兵出战，节节败退，最后退守鸣条。

鸣条决战那一日，天上雷雨大作，商军有着商汤的鼓励和严格的纪律，不避雷雨，奋勇作战；而夏军却士气低落，兵败如山倒。夏桀见己方战斗不利，便连忙带着几百个残兵往南逃走。后面追兵紧紧跟随，夏桀如同丧家之犬一样东躲西藏，最后逃到了南巢。

长期骄奢淫逸的生活让夏桀的身体十分虚弱，再加上这段时间的颠沛流离，他的身子彻底扛不住，病倒了。在死之前，他对人说："当初我把商汤关起来的时候就应该把他杀掉，那就没有今天的事情了！"

看来，夏桀直到死的那一天都没明白被灭国的根本原因不是商汤，而是他自己不修内政，贪图享乐，失去了民心。夏桀的死亡正式宣告了夏王朝的灭亡，中国历史上第一个奴隶制的王朝至此宣告结束。

"网开三面"的故事

我们都听过"网开一面",意思是饶恕某人的过错。但是,历史上还有一个人"网开三面",留下了仁义的名声,这人就是商汤王。

相传,有一天商汤王到野外去,看到一个人张开四面网准备捕猎,祝祷道:"从天上掉下来的,从地上冒出来的,从四面八方过来的,都到我的网里来吧!"

商汤王说道:"你这样怎么行?把四面八方的猎物都捕光,赶尽杀绝,那不是和桀王一样吗?"那人听后羞愧不安,把其中三面网收起来,只留下一面,重新祝祷道:"想去左边的就去左边,想去右边的就去右边,想往上飞的就往上飞,想钻下地的就钻下地,我只取那触犯天命的。"

这件事情传出去后,各方诸侯都说:"商汤王对飞禽走兽都这么仁义,更何况是对人?"于是,有四十个诸侯跑来归顺商汤王。

这就是"网开三面"的故事。

史上死谏第一人

"文死谏，武死战"，这是中国为人臣子的传统思想，意思就是做文官，要有拼上自己性命劝谏君主的决心；做武官，要有战死沙场的勇气。这种传统思想古已有之，夏桀时期的关龙逄①就是"文死谏"的第一人。

忠言逆耳

夏朝最后一个王是夏桀，他和所有昏君一样，也是一个不理朝政只管享乐的人。他用大量的金钱修建宫室瑶台，酒池大得可以行船，时常有喝醉的宫人栽下船去，醉死在里面。夏桀就和他最宠爱的妃子妺喜②一边喝酒一边观看，大笑取乐。

———————————

①关龙逄：逄，páng。关龙逄，生于公元前1713年，死于公元前1620年，是中国历史上第一位名相。

②妺喜：妺，mò。妺喜，有施氏（即有施部落，在今山东省蒙阴县境内）之女。

　　夏桀的所作所为，遭到大臣的反对，老百姓对他更是恨入骨髓。夏桀却不以为然，还十分狂妄地把自己比作永远不落的太阳。老百姓看到他如此厚颜无耻，就咒骂他说："你这个太阳还不快点掉下来！我们愿意和你同归于尽。"

　　对于夏桀的暴行，作为夏朝的贤臣，关龙逢实在是看不下去了。他多次向夏桀进谏，要他关心百姓和国家："作为人君，你要谦恭待人，对人臣要互相敬信，爱护人才。只有这样天下才能安定，社稷宗庙才会稳固。像你这样，奢侈无度，嗜杀成性，赶走自己的宗族，辱没自己的旧臣，轻其贤良，丢弃礼义，用财无度，老百姓都想让你早点灭亡。失去人心，老天也不会保佑你，这样很快就会亡国的。陛下，请您赶快改正过错，才能挽回人心，保住国家。"

　　夏桀睁着蒙眬的醉眼，看着关龙逢，"你休要在这里妖言惑众，我怎么会亡国？胡说八道！快走吧，不然我对你可就不客气了！"

　　关龙逢看着不理他、继续和妹喜等后宫女子嬉戏玩乐的夏桀，叹了口气，转身离开了。

进献黄图

　　夏桀荒唐的行为越来越过分，老百姓对他的怨言也越来越多，周围的诸侯国也开始不安分了。关龙逢感觉事情已经十分紧急了，

就想再去向夏桀进谏，希望夏桀改正自己的行为。可是他也明白，夏桀不喜欢自己说这些话，于是他就想了一个办法。

他找了一张黄图，准备献给夏桀。黄图就是国家的地图，他希望通过地图，能够提醒夏桀认清现实，明白他的行为已经危及国家了，再不清醒过来，国家就要被那些野心勃勃的诸侯占领了。

准备好黄图，他再次求见夏桀。夏桀很烦关龙逄，但是关龙逄却是两朝老相，年事已高，也不好不见。于是，夏桀让人宣关龙逄觐见。

关龙逄颤颤巍巍地来到夏桀跟前，将黄图献上。夏桀皱着眉头打开黄图，看了一眼："这是我大夏朝的地图，你拿给我干什么？我宫里还少这个？"

关龙逄伏下身去，恳切地说："大王啊，您再好好看一眼这地图吧，很快大夏朝的地图就要不一样了！"

"啪"的一声，夏桀把黄图扔到关龙逄跟前："你这个老不死的，三番五次到我跟前胡说八道，我看你年事已高，又是两朝元老，都忍了你。你还不知足，现在又来说这些疯疯癫癫的话，我大夏朝的地图怎么可能会变？"

"各方诸侯如狼似虎地盯着大夏朝，就如同盯着一块肥肉。您若是再不改正自己的行为，好好管理朝政，大夏朝灭亡的日子可就不远啦！"

"你这个老家伙，又在妖言惑众！来人，给我把他关起来！"

于是，关龙逄就被夏桀关进了天牢，谁求情也不放人。

炮烙之刑

有一天，夏桀在瑶台看烙刑为乐。烙刑就是把人绑在柱子上，拿烧红的刑具在囚犯赤裸的皮肤上烙烫，夏桀就喜欢听烙烫之下犯人惨叫的声音。

可是今天，他听着听着觉得有些无趣了，便想起正在监牢里的关龙逄，"来人，把关龙逄给我带来！"

关龙逄被带到夏桀跟前，夏桀挥挥手，让他坐下一起观看行刑。关龙逄面无表情地看着眼前凄惨的场面。

"怎么样，关相，看这种刑罚快乐吗？"

"快乐！"

夏桀很意外，"你不是应该觉得悲伤吗？"

"您是我的君王，您觉得快乐的事情，我怎么会觉得悲伤呢？"

夏桀听这话有点刺耳，就狠狠地说道："现在我听你说，说得对我就改正，说得不对我就对你施加酷刑。"

关龙逄毫不畏惧："我认为大王头上正悬着危险的石头，脚下踏着薄薄的春冰，头顶危石怎么会不被石头压死？脚踏春冰怎么

不掉到水里淹死？”

夏桀笑道：“看样子你还是觉得夏朝会灭亡，我也要同大夏朝一起灭亡。你只知我要灭亡，却不知你现在就要亡了吗？”

关龙逄自知死期已至，并不求饶，夏桀就让人用炮刑把关龙逄给杀了。中国历史上第一个以死谏君的忠臣就这样死了。

名传千古双忠祠

关龙逄忠心进谏却死于非命，得到了人们的敬仰。夏朝灭亡以后，后人把关龙逄的尸骨安葬于家乡龙城，因关龙逄官居相位，后改龙城为龙相。明代龙相人掘地得一石碑，长约三尺，宽一尺六寸，字径六寸，碑中有四个古篆字曰"一片忠肝"，不知为何代所刻。明朝时期，人们十分敬仰这位有史以来第一位因进谏而遭屠戮的忠臣，便将他和商末因进谏被商纣王剖心杀害的比干一同纪念，在长垣南关修建"双忠祠"。

现在，关龙逄的墓祠及双忠祠虽然不存在了，但关龙逄爱国家、爱人民、不怕死的爱国主义精神，却永远激励鼓舞着一代又一代后人。

中国第一个大法官

有人的地方就有犯罪，有犯罪就有法律。中国历史上第一个大法官出现在舜禹时期，他公正廉明，不但以掌管刑罚赢得人们的尊重，还成了天子候选人之一。这个人就是皋陶。

兴五教，创五刑

皋陶，姓偃，封地在今天的安徽六安，是与尧、舜、禹齐名的“上古四圣”之一，被奉为中国司法鼻祖①，可谓是中国历史上第一个大法官。

他生于尧帝时期，被舜帝任命为掌管刑罚的理官，是一个十分正直的人。因为皋陶掌管刑罚的工作做得十分出色，所以被禹选为

①鼻祖：始祖，泛指创始人。

自己的继承人。但是他先于大禹去世，所以大禹最后选择了伯益作为自己的王位继承人。可见，皋陶在当时人们的心目中有着十分崇高的地位。

皋陶的主要功绩之一就是制定刑法、教育民众。他坚持公正，推行"五刑""五教"，刑教兼施，使社会和谐，天下大治。

所谓五教，就是指对五种伦理关系的要求：父义、母慈、兄友、弟恭、子孝。所谓五刑，就是甲兵、斧钺①、刀锯、钻笮②、鞭扑。甲兵，即对外来侵犯和内部叛乱的讨伐；斧钺，系军内之刑，属军法；刀锯，系死刑和重肉刑；钻笮，是轻肉刑；鞭扑，则是对轻罪所施薄刑。皋陶在习惯法的基础上整合为"五刑"，无疑是一大进步，创我国刑法之始。

虽然制定了严明的五刑，但是皋陶主张的五刑处于辅助地位，对于有过激行为或者犯有罪行的人要先晓之以理，教育人们懂得并恪守③五教，使人们彼此亲睦，互相谦让，知道什么该做，什么不该做，对于那种不听教化的人，再绳之以法。

可见，皋陶制定刑法的最根本目的是通过德治与法治的结合，让人们心服口服，最终实现一个没有犯罪行为的和谐社会，达到长治久安的目的。

---

①钺：yuè。古代兵器，似板斧而较大。

②笮：zé。竹篾拧成的绳索。

③恪守：恪，kè。恪守，严格遵守。

所以舜帝对皋陶的评价很高，他是这么称赞皋陶的："皋陶，你用刑法晓喻百姓，使人们都知法、畏法而守法，以达到单纯教化所不能收到的效果，这个功劳实在是太大了。"

从政九德

虽然尧舜时代均是以德治天下，但是还没有一个人将德政条分缕析地明确提出来，皋陶的首要政治主张就是实行德政，要求从政人员要具备德行，而且不同地位的人应该对自己有不同的德行要求。这个观念就是"从政九德"。

关于九德，他和大禹有一段著名的对话。

大禹问道："皋陶，你说，什么叫九德？"

皋陶答道："宽宏大量而又严肃恭谨；性情温和而又有主见；态度谦虚而又庄重严肃；具有才干而又办事认真；善于听取别人意见而又刚毅果断；行为正直而又态度温和；直率旷达而又注重小节；刚正不阿①而又脚踏实地；坚强勇敢而又合乎道义。这就是九德。"

"那谁应该具备这九德呢？"

"人无完人，很难要求所有人都具备九德。我认为能够在实际行动中实行三德的人就可以做卿大夫了，能够实行六德的人可以当

①刚正不阿：阿，ē。刚正不阿，刚强正直，不阿谀奉承。

诸侯，能够实行九德的人才有资格成为天子。"

"你对从政人员的要求很高啊！"

"要想治理好国家，就应该推行德政，就应该任用有德行、有才能的人。这并不是我对从政人员的要求高，而是国家和人民的需要！"

这就是皋陶提出来的"从政九德"，放到今天，无论是对普通人还是公务人员，都是很好的思想和行为指南，值得我们研究学习。

画地为牢

皋陶在做理官的时候，经常遇到各种各样的犯人。有的人犯罪严重，就根据他制定的法典实施刑罚。有时候也会遇到一些犯了小错，够不上刑罚标准的人。若是直接放了，不符合法律公正的要求。

于是，皋陶想了一个法子。他在地上画了一个圈，让这个人站进去，告诉他："你犯了错，我罚你站在这里不许出来，就算没有人看着，你也必须待在里面。若是不听我的话，我就用更严厉的刑罚来处罚你。"

这就是"画地为牢"，成为最初监管犯罪之人的囚禁场所，可以算是最简陋的监狱。慢慢地，皋陶将这种囚禁场所进行改进，成为专门用来关押犯人的监狱。从此，"皋陶造狱，画地为牢"正式流传下来，而造狱的先驱皋陶，则被尊为"狱神"。

◉ 相关链接:

"神兽"獬豸①

传说，皋陶在办理案件的时候，有一个好帮手，那就是一只名为"獬豸"的神兽。獬豸是一只又像羊又像麒麟的动物，头上还长着独角。

獬豸有分辨曲直、确认罪犯的本领。皋陶在无法判定犯人是否有罪的时候，就会让獬豸来帮忙，只要犯人有罪，獬豸就会用角去顶他；若是没有罪，獬豸就不会过去。有了獬豸的帮忙，皋陶判定案件更加方便，也更公正。

随着历史的发展，獬豸成了司法正义的象征，它的形象也被当作历代王朝刑法和监察机构的标识。

---

①獬豸：xiè zhì。中国古代神话传说中的神兽。

商：
奴隶制的鼎盛时期

第十三次迁都——盘庚迁殷

搬家是常有的事，但是把一个国家的都城从一个地方搬到另外一个地方，可就不是小事了。光想想就知道这件事有多难，会遇到多少阻碍。但是商朝的君主盘庚却凭着自己的决心和毅力，把商朝的都城搬到了殷，让商朝得到稳定发展。所以后人也把商朝称为殷商。

迁还是不迁？

公元前1320年左右，商朝国都人心惶惶，人们三个一群五个一堆地凑在一起议论纷纷。

"什么？又要迁都？"

"是啊！你说我们君王在想什么呢？咱们都已经迁都十二次了！"

"说得是啊！迁都多大的事啊，怎么说迁就迁？我们这些家业该怎么办呢？"

这些人所说的正是商王盘庚最近决定的一件大事，那就是把国都从现在的奄①迁到殷②去。其实对于商朝人来说，迁都不是什么稀奇事了，因为在盘庚登位之前，商朝的国都已经迁过十二次。

大家可能就无法理解了，国都是都城，对于一个国家来说是最重要的地方，怎么能说迁就迁呢？

这就要从当时的环境说起，黄河下游常常闹水灾，有时候发大水都能把都城给淹了。当时的抗洪能力可不能和现在相比，自然就只能搬了。再加上王族内部经常争夺王位，发生动乱，导致不得不迁都。商朝的国力也在每一次迁都的过程中大量损耗，民众始终无法过上安稳的生活。

盘庚当上君王后，觉得这一切必须从根本上改变。他考察了很多地方，最终选定了殷作为新的都城，决定再次迁都。

他的决定一宣布，就受到来自各方的强烈反对，其中最为激烈的就是那些贵族。因为这些人每日锦衣玉食，衣来伸手，饭来张口，根本不需要考虑生计，对于他们来说，迁都是一件十分麻烦的事情。反正到哪里都是享受，为什么要辛苦跑到别的地方去呢？为了达到

---

① 奄：商朝古地名，位于今山东省曲阜市。

② 殷：古都邑名，在今河南省安阳市小屯村，商的第十代君王盘庚迁都于此。

不迁都的目的，他们煽动平民反对盘庚，闹得十分厉害。

盘庚可不是一个胆小的人，他迁都的决心十分坚决，面对强大的反对势力，他强硬地说道："我要你们搬迁，是为了安定国家。你们却煽动百姓来反对我，造成慌乱，实在是可恶。告诉你们，都城是必须迁的，你们若是再危言耸听，我不会顾及血缘亲情，有罪者都将被处刑，立功者都将得封赏。从今以后，各自恭奉自己的职事，端正自己的职责，讲话要谨慎有度。否则，我的惩罚要是落到你们身上，到时候后悔就来不及了！"

盘庚强硬的态度，震慑了那些满是私心的贵族，他们再也不敢多言了。于是，盘庚成功地带领着百姓迁移到殷。

迁都之后

成功迁都之后，对于盘庚来说，并不代表就此高枕无忧了。因为那些居心不良的人始终在谋划着如何能够搬回旧都去。

在殷都住了一段时间后，很多老百姓觉得不适应，都开始闹情绪，想要搬回旧都去。这正好中了那些贵族的下怀，他们立刻在背后煽动，让大家把事情闹大，逼着盘庚同意把都城迁回去。

盘庚一眼就看穿了这背后的黑手，他严厉地对这些贵族说道："我们的先王多次迁都，就是为了躲避洪水，让人们生活安定。现

在，我们又遭到了洪水的侵袭，我要迁都也是为了让人们免受洪水的灾害，你们却不理解我的苦心，只想着你们自己的利益。我再次警告你们，迁都是上天给的旨意，我将带领大家在殷都安定下来，努力经营民生，创造更好的生活条件。你们这些人，若是再捣乱，就别怪我不客气了！"

盘庚自从成功迁都之后，王权更大了，他说的话让这些贵族彻底死心，再也不敢在背后搞鬼。

其实，盘庚之所以选择殷作为新的都城，并不是心血来潮，而是经过深思熟虑的：第一，这里土地肥沃，适合发展农业生产；第二，借着迁都可以重新调整权力分配，压制王室、贵族的权力；第三，远离旧都附近的叛乱势力，减少外部干扰，从而稳定自己的统治。

从此，商朝的都城就永久地固定在殷城。盘庚在殷整顿商朝的政治，使商朝的政治趋于稳定，社会经济和文化也因此有了更大的发展。又经过武丁时代的繁荣发展，到了商朝中后期，这里已发展成为最大、最繁荣的都城。

来自三千年前的问候——殷墟

1899 年，金石学家王懿荣生病了。在他的药方上有一味名叫"龙骨"的药，这药抓回来之后，他很好奇地拿起来仔细查看，居然在上面发现刻有一些很古老的文字。他忽然意识到这可能是珍贵的文物，就开始重金收购龙骨，并考证这些文字，发现是来自三千年前的"殷人刀笔文字"。他的收藏和发现被编印出版，成为第一部甲骨文著录《铁云藏龟》。

商代甲骨文一面世，引起了世人轰动。学者们根据甲骨的来源追溯到安阳小屯，终于在这里发现了殷墟遗址的存在。

从殷墟发掘出来的遗物中，有龟甲（就是龟壳）和兽骨十多万片，还发现了大量的青铜器皿、兵器，以及大量的珍珠宝玉等奢侈的陪葬品。这些东西都说明殷商时期的生产力、生产技术和制作工艺有相当高的成就。

从厨子到右相

　　一个成天和锅碗瓢盆、柴米油盐打交道的厨子，居然成了一个国家的相，而且将一国之君放逐外地三年，自己代理朝政，三年之后大公无私还政于君。这就是伊尹 ①的传奇故事。

从厨子到右相

　　相传，伊尹是伊水之上的一个采桑女奴所生，他一生下来就被母亲抛弃了。后来被有莘国 ②的一个厨子收养，从小在厨房长大，跟着自己的养父学得一手好厨艺。

　　伊尹长大之后，就到有莘国的乡村居住，以耕田为生，自给 ③自

────────────

①伊尹：尹，yǐn。伊尹，商朝初年著名政治家、思想家。
②有莘国：莘，shēn。有莘国，位于今河南省洛阳市伊川县，相传是个盛产美女和贤人的国度。
③给：jǐ。供应。

足。他平时忙完农活之后，就喜欢研究上古时期尧舜的治国之道，对于如何治国有自己独特的见解，他的名声很快就被人们传播出去，引起了商汤的注意。

当时，商还只是夏朝的一个属国，但是商汤求贤若渴，四处搜罗有识之士，把他们请到自己的国家来，帮助自己更好地治理国家。听说了伊尹的事情后，他立刻派了使臣去有莘国邀请伊尹前往商。

哪知道这使者一见到一身布衣、蓬头垢①面的伊尹，心里立刻起了轻视之意，他傲慢地说道："你就是伊尹吧？"

伊尹点点头："你有什么事？"

"你的好运来了，我们的国君汤想见你，你赶紧收拾东西跟我走吧！"

伊尹一听，这话不对呀，听人说商汤是一个十分懂礼且重视贤能的国君，怎么派出这样无礼的使者来找我？难道是轻视我？

他傲然答道："你回去吧！我伊尹虽然身在民间，但是有手有脚，靠自己种田吃饭，不需要去见你的国君！"

使者没有办法，灰溜溜地回去了。有莘国的国主听说了这件事，当然不愿意伊尹去帮助商汤，于是把伊尹贬为奴隶，让他失去了人身自由。

商汤见没办法请回伊尹，心情十分失落，后来他的左相仲虺给他出了一个主意，让他求娶有莘国的公主，然后指定伊尹作为公主

①垢：gòu。肮脏。

的陪嫁，一起嫁到商国去。

有莘国和商国比起来，国力还是差了那么一点的，所以商汤来求婚，有莘国国主立刻就答应了，伊尹也就这样被送到了商国。

到了商国，伊尹先发挥自己的长处，精心制作了一份天鹅汤奉给商汤王，果然引起了商汤王的兴趣。商汤王一边喝汤一边向伊尹请教治国之道。

伊尹没有空谈治国之道，而是拿眼前的天鹅汤做比喻："要做好一份汤，原料、水、火候、调味缺一不可，这就和治国是一样的，可以说，治国就如同做一锅好汤！"

商汤一听，觉得确实有道理，这个伊尹的确和传说中一样很有才能，不枉自己费尽心机把他请到商国来，便立刻封了伊尹做右相。

于是，一个出身奴隶的厨子翻身做了一国之相。

扶商灭夏

做了商国右相的伊尹，几次三番劝商汤王起兵，将荒淫无道的夏王桀拉下马来。商汤王之所以励精图治，自然也有着远大的目标，只是他对此刻是否是起兵的好时机还有疑虑。

伊尹见商汤王有起兵之心，心里十分高兴，感觉自己跟了一位明主。为了消除商汤的疑虑，他主动申请前往夏朝的都城一探究竟，

商汤也同意了他的建议。

到了夏都，伊尹看到的是夏王桀昏庸统治下混乱的社会、困苦的百姓，后来他又在洛河流域遇到了被夏王桀遗弃的妹喜。妹喜本是桀最宠爱的王后，所以她对夏朝的内部情况了如指掌。被桀遗弃后，她十分伤心愤怒，就把很多重要情报告诉了伊尹。

伊尹得到这些情报后，返回商朝，回到商汤王身边，并建议商汤王试探一下夏王桀。

每年，商国都要上供很多贡品给夏王，伊尹建议商汤王这一年停止上供贡品，试探夏王。果然，夏王很生气，决定率领属国来攻打商国。伊尹见夏王在属国之中还有威信，就让商汤王恢复上供，平息夏王的怒气。

经过此次试探之后，伊尹意识到此时的确不是起兵的好时机。过了一段时间，夏王桀因为他的行为更加失去民心，周围的属国也纷纷反叛，伊尹认为起兵的时机到了，于是请求商汤王趁机举兵。最终，商汤王打败了夏王桀，成了新的国主，历史进入了商朝。

放逐国君

伊尹是一个十分长寿的人，他先后辅佐了汤王、外丙、仲壬 ①三任

———————————
①仲壬：壬，rén。仲壬，商汤第三子，商朝第三任国王。

天子，奈何这后面两位天子命都不长，他只好立商汤的长孙太甲为王。

太甲年少轻狂，一登上王位就不问政事，只管寻欢作乐。伊尹多次教导他，让他奉行祖先的训诫，勤政爱民，不要耽于游乐，但是太甲根本听不进去。

伊尹没有办法，他实在担心太甲这样下去会变成第二个夏王桀，这可不是他想看到的局面。于是他和其他大臣商议后，把太甲放逐到汤王墓地附近的桐宫①，让他在那里好好反省，想清楚到底怎么样才能做一个好天子。

天子被放逐了，那国家政事该怎么办呢？伊尹只好自己站出来料理国家大事，暂时代理国君的职责。三年后，太甲终于褪去了年少轻狂的模样，变得十分简朴谨慎。伊尹看在眼里，喜在心里，亲自带着商王的冠冕衣服去迎接太甲回商都，再登王位。而他自己则退下来，还政于太甲。

伊尹这样一心为公、不求私利的做法得到了太甲的认可和尊重，即使重登王位，他依然奉伊尹为相，让伊尹能够继续为国家效劳。这一对君臣的故事也流传下来，成为千古佳话。

---

①桐宫：商代桐地的宫室，在今河南商丘虞城县。相传为商汤陵墓所在地。后"桐宫"也借指被贬的帝王或幽禁帝王的地方。

厨圣伊尹

伊尹是史上著名的良相，对商代的发展有着举足轻重的作用，这是人所皆知的。但是少有人知的是，他还被现代人奉为"厨圣"。

原来，伊尹从小被厨子收养，学得一手好厨艺，而且他还能对厨房之事做总结。当他用烹饪做例子给商汤王讲解治国之道时，所提到的烹饪诀窍是有史以来最早的记载。他的五味说和火候说，体现了极高的理论水平。因此，现在的中国香港、中国台湾、新加坡等地的厨师还把伊尹奉为行业的先祖，称之为"厨圣"。

三年不发命令的天子

历史上的帝王有圣明的，有无能的，也有败国的。但是，有这么一个特别的君主，上位三年，不对任何政事发表意见；三年之后一出手，就创造了一个盛世王朝。这可算是真正的"三年不言，一鸣惊人"！

三年不言观国风

武丁，是殷商历史上一个十分重要且能干的天子。继盘庚迁都至殷，殷商的历史就算正式开始了。盘庚是个能干的天子，力排众议，打破贵族们的守旧思想，坚持把都城从原来的奄迁到殷，使殷商的国力得到极大的提升，出现了一个蓬勃发展的时期。

但是之后继承盘庚的几位天子都能力平平，导致殷商的国力越来越弱，直到武丁继承王位才有了真正的改变。

武丁，在很小的时候就被他父亲，也就是当时的殷商天子小乙送到名士甘盘①那里去学习治国之道。甘盘虽然隐居民间，但是学问很高，名声很大。小乙不但让武丁去向甘盘学习知识，还让他和普通老百姓一起劳动，一起生活，去感受黎民百姓的疾苦，将来做一个真正了解子民的统治者。

武丁没有辜负父亲的期望，在跟着甘盘学习治国之道的时候，十分用心，平时也和民众相处很好，在民间结交了很多有识之士。等到他父亲小乙去世之后，武丁正式接替了王位，成为新的统治者。

本以为他上台之后会大展拳脚，把自己十多年来学到的东西充分地用到治国中去。哪知道这位君主不一般，上台之后第一件事就是把自己的老师甘盘接到身边，做了辅佐之臣，然后把国家大事交给大臣们处理，他在旁边一言不发，就这样过了三年。

遇上一个三年不发表任何政见的君主，大臣们觉得十分倒霉，他们每天都战战兢兢，不知道自己做的事情在君主看来是否满意，致使很多人收敛了一些不正的作风，朝政的风气稍微好了一点。

①甘盘：中国商朝名臣，甘姓始祖之一。武丁年轻时的老师，即位后的贤相，是当时全国有名的有道德者。

内修外伐创盛世

武丁三年不发令，并不代表他不关心国事，相反，他比任何人都关心国家的发展，毕竟他身为君主，可以说是这个国家的主人。

他仔细观察了三年，觉得朝廷里有很多不良的风气，这都是历史积存下来的，需要大刀阔斧地进行改革。但是想要改革，手上还得有人啊！武丁身边除了甘盘，真是谁也用不上！

于是，他回想起自己在民间待的日子和见过的那些能人。为什么不能从民间找一些能干的人来辅佐自己呢？他苦思冥想，终于感动了上天，有一天夜里，老天爷给他托梦了。

第二天，武丁就画了一幅画像交给下面的人，让他们去把画像上的人找回来。

下面的人拿着画像端详了半天："这人衣衫褴褛，一脸风霜，看样子是一个做苦力活的人。不知道大王找他回来干什么？"

"这是老天给我的提示，这人是个能人，能帮助我振兴大商朝。快去把他给我找回来！"

侍从们拿着画像从东找到西，从南找到北，没想到还真被他们带回来一个人。

武丁看着眼前这个破衣烂衫、一脸黢黑的老人，果然和自己梦

见的一模一样。他十分高兴："您就是傅说 [①] 先生吧？"

这老头见了天子也不怯场，哈哈一笑："小人不过是一个挑土修城墙的奴隶而已，哪里称得上先生？我的名字的确是叫说，但没有姓，所以不是您要找的那位傅说先生。"

武丁不死心，他又问道："那您是在哪里修城墙呢？"

"傅岩啊！"

"就是你啊！在傅岩修城墙的说大叔，您就是我要找的那个人。"

原来，傅说可是武丁的老相识。武丁年幼在民间历练时就曾与他相处，只是当时只知道他叫说，并不知道他的姓氏。而且多年过去，两人容貌改变，一下子没能认出来。现在傅说来到自己身边，武丁心里十分高兴，就让傅说做了身边重要的辅佐大臣。

武丁不仅不拘一格起用民间的人才，还对国家进行了大幅度的改革：在政治上不但确立国家各个部门的责任范围，又提出了嫡长子继承制，这对后世社会产生了极大的影响。在军事上则建立常备军，还首创"师"为最高建制单位。因为政治清明，所以其他如农、牧、手工业都得到了长足的发展，殷商的国力越发强盛起来。

当时，殷商还经常受到来自周边小国的骚扰，为了让老百姓能够安定生活，武丁不断征战四方，进军西北的少数民族鬼方、羌方，

---

① 傅说：说，yuè。傅说，殷商时期著名贤臣。

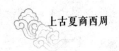

南下征服江汉流域的夷方、巴方。到武丁末年，商朝已成为幅员广阔、部族众多的泱泱大国。

这段时期也被称为"武丁中兴"。

武丁十臣

武丁作为一代明君，自然不会是孤家寡人，除了我们熟知的帝师甘盘和奴隶出身的傅说之外，还有八位贤臣，他们和甘盘、傅说一起被后人称为"武丁十臣"。

这八位贤臣分别是侯雀、沚馘[1]、蟲[2]、戉[3]记、禽匕、仓侯虎、西吏旨、侯告。这些贤臣均在商朝留下的甲骨文中有记载，只是因为记载量没有甘盘那么多，名声也没有傅说那么大，所以鲜为人知。但是对于武丁来说，这十位贤臣是他最重要的班底，是他将商朝打造成为一个盛世王朝的重要帮手。

---

①沚馘：zhǐ fá。

②蟲：cōng。

③戉：yuè。

奴隶出身的相

成为奴隶已经算是落到了人生的最低谷，可是有一个人就从这最低谷一跃而起，成了万人之上的一国之相，而且这个人还是国君的梦中人。这究竟是怎么回事呢？

"版筑法"的发明者

武丁是商朝的一代明君，但是这个君主却不是一帆风顺继承他父亲的位置上台的，反而很小的时候就被送出王宫，在外面和普通老百姓待了很多年。这是为什么呢？因为他的父亲小乙觉得自己这个君主做得不咋地，若是不培养出一个有能力的君主，那么大商朝很快就会走到尽头了。所以他从八个儿子里挑了最有潜力的小儿子武丁，送到民间学者甘盘那里历练。

甘盘是一个名声很大的学者，知识渊博，见识深远。他心里明白君主的意思，自然也就对培养武丁的事情很用心。除了平时让他跟着自己学习治理国家的知识外，还让他去和外面的百姓一起干活。

武丁在民间自然不能暴露自己的身份，只能假扮成普通平民。但是他毕竟是皇子，和老百姓一起干那些苦累的力气活，几天下来就有点吃不住了，干起活来自然也就有些松懈。

这可就让别人不满意了，大家一起干活，凭什么就你偷懒呀？于是大家就开始对他冷嘲热讽，说得武丁心头火起，恨不得立刻跳起来大吼一声："你们这些刁民，我可是皇子，你们竟敢对我如此无礼！"

可是他不能这样做，只能忍气吞声继续干活。这个时候有一个奴隶过来说话了，"他还是个小孩子，大家不要这样对他，多照顾一下吧！"

当时平民和奴隶是两个不同的阶层，奴隶是比平民更低一层的人。按理说，这些平民根本不用理会这个奴隶的话，但是奇怪的是，这个奴隶一说话，大家就都不吭声了，只是点点头，各自去干活，也不再欺负武丁了。

武丁很感激他："你叫什么名字？"

这个奴隶笑笑："小兄弟，你就叫我说大叔吧！以后干活勤快点，大家就不会这样对你了！"说完他便走了。

武丁看着这个人离开，好奇地拉着旁边一个人问道："大叔，

这个说大叔是什么人？看起来他应该是一个奴隶吧，为什么他说话大家都愿意听？"

"你说他啊？他可是一个能人，咱们这一片都知道他。你看这墙，有没有发现什么不一样的地方？"这人指着新筑的城墙问武丁。

武丁仔细地看了看，摇摇头，"有什么不同？"他一个出身高贵的皇子，哪里懂这些老百姓的事！

"你真是够傻的，"那个人很激动地站起来，"你没发现这个墙特别平整、特别牢固吗？告诉你，这就是老说发明的。"

"老说？就是刚才那个说大叔？"

"是啊！平时修城墙只是简单地把土堆上去，一点儿都不牢固，水一冲就垮掉了，于是他就发明了这个版筑法。版筑法就是用两块木板夹出一面墙的空间，然后往里填土，使劲杵紧，等墙干了再把板子拿掉，墙就做成了。这样做出来的墙壁可牢固了！"

武丁点点头，"原来如此！那他可真是聪明！"

之后武丁就开始对这个聪明的奴隶关注起来，有事没事就凑在他身边，跟他聊天。时间长了，他发现这个人不但聪明，而且很有见识，组织能力也很强。那么多人在他指挥下井然有序地干活，没人偷懒也没人抱怨，真的是一个人才。

武丁暗暗把这个人记在心里，想着将来有机会一定要好好重用他。

因梦上位

后来，武丁果然如他父亲希望的那样登上了王位，但是他对这个千疮百孔的国家实在不知道从何下手。于是他采取了一个震惊众人的策略，那就是三年不言国事。国君是一国之主，可是这个主人却不想对国内发生的事情发表任何看法，这可把大臣们给急坏了。

可是谁也不知道，武丁比这些大臣更着急，他看似镇定，其实一直都在想办法改善国内的状况。也许是日有所思，夜有所梦，有一天晚上，他做了一个梦，梦见一个穿着破烂、正在努力筑城的人。

武丁醒来之后十分兴奋，"难道这是老天的旨意？莫非这个就是能帮助我的人？"

他立刻找来侍卫，让他们按照梦里人的样子去找人，最后在傅岩①这个地方找到了他。等他来到自己面前，武丁才明白过来，原来这个人就是当年的老说。

可是老说是一个奴隶，武丁虽然清楚老说的能力，但是要重用他，奴隶的身份可是个麻烦。那些贵族出身的大臣会接受这样一位同僚吗？于是武丁干脆借梦说事，对朝臣们说老说是老天托梦给他，指点他振兴大商朝的能人。

商朝是一个信奉天命和鬼神的时代，所以大家对武丁的话深信

---

①傅岩：又称傅险，古地名，位于今山西平陆县东。

不疑。等到大家都被说服之后，武丁就依照老说在傅岩干活的经历，给他赐了一个"傅"姓，于是老说就叫傅说了。

武丁任命傅说为相，还对他说："请您经常向我进谏，帮助我提高德行。如果我是铁器，希望你来做磨刀石；如果我要渡过大河，你就做我的船和桨；如果百姓遇到了大旱，希望你来做他们的甘霖。"

傅说没有辜负武丁的信任，展示他文韬武略①之才华，辅佐武丁治理商朝，很快，朝廷内外面貌一新，变得井然有序。他还积极与周边方国修好关系，严惩那些敢于进犯的小方国。终于，国家富强起来，国势再度复兴，一时间成为东方世界的第一强国。

---

①文韬武略：韬，指《六韬》，古代兵书，内容分文、武、龙、虎、豹、犬六韬；略，指《三略》，古代兵书，凡三卷。比喻用兵的谋略。

中国第一位"圣人"

孔子在中国被尊奉为"圣人",流传至今。其实比孔子大约早八百年的商朝武丁王时期的傅说,才是我国历史上第一位被尊奉的"圣人"。

傅说,山西平陆人,我国殷商时期卓越的政治家、军事家、思想家及建筑科学家。武丁是我国历史上第一位有确切记载的君王,在傅说历时五十九年的尽心辅佐下,武丁励精图治,开拓疆土,扩大商朝的版图,使商朝达到鼎盛时期。高宗武丁尊傅说为"圣人",就是品德最高尚、智慧最高超的人。历史上人们把他敬为"圣人""天神""梦父"及天策星,因此说,傅说是中国历史上第一位"圣人"。

后人在傅说故里山西平陆县县城东北的傅岩山上,修建了傅相祠,每年农历四月初八傅说诞辰日,都举行隆重的官祭大典。

史上第一位女战神

在先秦时代的历史传说中，我们听过一个男人娶好几位妻子的事，但是一位女子嫁给好几位帝王却是很少见的。这个人就是中国历史上第一位有史料记载的女性政治家、军事家——妇好。

南征北战

据史料记载，武丁有六十多位妻子，但前后只立过三个王后，其他的妻子则类似于后世的妃子之类的身份。即使身边有这么多女人，但武丁最爱的只有一个，那就是妇好，武丁的第一位王后。

妇好嫁给武丁之前，可能是商朝下属或周边部族的首领或公主，有高贵的出身且见多识广。成为武丁的妻子后，她很快得到了武丁的喜爱。妇好臂力过人，习惯使用九公斤的大斧做武器，十分骁勇

善战。

但是武丁一开始并不知道妇好在军事方面有多大的才能。有一年，北方边境有外敌入侵，派去征战的将领一直都无法取胜，战争下的边境人民生活十分痛苦。武丁看在眼里，急在心上，这时候妇好来拜见武丁。

"王，能不能让我率兵去边境助战？"

"你？"武丁摇摇头，"虽然我知道你武功高强，但是这是战争，你一个女子，还是不要参与了！"

妇好自信地说道："我虽然是个女子，但是在嫁给王之前，我就有率军作战的经验，还请王准许我的请求。"

武丁考虑再三，又通过占卜，最终同意让王后妇好出战。

妇好果然是个军事天才，一到前线，就立刻重新调度兵力，身先士卒，鼓舞士气，很快就击败敌人，取得了胜利。这一战让武丁对妻子刮目相看，他力排众议，封妇好做了殷商的军事统帅，让她负责指挥作战。虽说殷商当时还留有浓厚的母系氏族社会①风气，但是这个做法还是十分惊世骇俗②的，毕竟武丁此举是将一个国家的军事命脉交到一个女人手中。

妇好并没有辜负武丁的信任，从此，她率领军队南征北战，先

①母系氏族社会：又称母系社会，处于氏族社会的早、中期，是建立在母系血缘关系上的社会组织，实行按母系计算世系血统和继承财产的氏族制度。
②惊世骇俗：因言行异于寻常而使人震惊。

后击败了土方、夷方、巴方、羌方等周边小国。其中，羌方之战最为人们所称赞。

羌方是北方的一个小国，民风彪悍，战斗力很强，一直都在觊觎国土丰沃、经济繁盛的殷商。为了打败羌方，武丁十分大胆地将商朝一半兵力，整整一万三千余人交给妇好来指挥。这场战役是武丁时期出兵规模最大的一次，妇好指挥着庞大的军队和羌方殊死搏斗，最终大获全胜，大量的羌人被抓回来，变成了殷商的奴隶。

内修政务

妇好除了是一位能征善战的女将军，还是一位占卜官。占卜在商朝人的生活中实在是太重要了。

那个时候人们迷信鬼神，崇尚天命，大大小小的事都要先烧个龟壳占卜一下。对于王室的人来说，占卜就更加重要了，几乎所有的国家大事都需要反复占卜，祈问鬼神。负责占卜的人就是能和鬼神对话的人，这可不是一般人可以承担的。能够负责占卜祭祀的占卜官必须见识广博，因为从某种意义上来说，占卜者其实是国家大事的决策者。妇好能够成为占卜官，可见妇好在武丁心目中的重要地位。

而且，身为王后，妇好还有很多政务需要处理，比如协调武丁的那些妃子们的关系。这些妃子都是武丁出于国家需要和别的部族或者小国联姻娶来的，个个身份高贵，要把她们摆平也不是一件容易的事。但是妇好在这方面做得很好，让武丁十分放心。

妇好平时还要代替武丁出门去处理政务，或者会见诸侯贵族中年高德劭的老人，帮助武丁树立亲善爱民的好形象。可以说，妇好不但是武丁的妻子，更是他十分重要的左右手。

三配冥婚

武丁十分喜爱这位能征善战的妻子，与她结下了深厚的感情。但是由于常年作战，妇好身上有很多旧伤，在她三十多岁的时候，积劳成疾，旧伤复发去世了。

武丁伤心至极，他担心妇好到了阴间之后会受欺负，就想了一个办法，把妇好嫁给死去的祖先，让这些贤明能干的祖先来保护妇好。

这种思想放到现代来看，大家肯定难以理解，但是这在当时却并不令人惊奇。因为商代人迷信鬼神，他们认为人世间的一切都是天命决定的，神灵和祖先一直都与自己同在。也正因为这样的想法，武丁找来巫师占卜，仔细询问妇好在阴间的情况。这段史实清晰地记录在出土的甲骨文卜辞上。

武丁问："妇好嫁了吗？"

卜辞说："太甲已经娶了妇好！"

武丁又问："妇好嫁了吗？"

"成汤已经娶了妇好！"

"妇好嫁了吗？"

"祖乙已经娶了妇好！"

太甲、成汤、祖乙都是殷商史上圣明的君王，也是武丁眼里能够好好保护他心爱的妇好的最佳人选。有了这些祖先的保护，武丁总算是放下心来。为了能够时常去祭祀妇好，武丁还在妇好墓边修建了享堂，专门供妇好享用祭祀。他还追谥妇好为"辛"，所以商朝的后人尊称妇好为"母辛""后母辛"。

总之，妇好是中国历史上第一位有确切史料记载的女军事家、政治家，她和武丁之间的爱情故事更是让后世传为佳话。

妇好墓

妇好墓于 1976 年在河南省安阳市辛屯村西北约 100 米的地方被挖掘出来，墓葬保存完好，在当时引起了轰动。因为距今三千多年前的商朝古墓居然完好地保存至今实在少见，而且从中出土了 755 件玉器，这可是目前已经被挖掘出来的商代墓葬里出土玉器最多、最集中的墓。

除了玉器、石器和宝石器之外，考古学家还在墓中发现了大量的兵器。这一点和妇好身为商朝军事统帅的身份十分吻合，也体现了武丁对妇好的喜爱和尊重，即使她已经去世了，也要用她喜爱的兵器为她陪葬。

镇国之宝司母戊鼎

中华民族拥有五千年辉煌的历史，祖先们为我们留下了丰富的文物，其中有一件震惊世界，如今被列为禁止出国（境）展出的文物，那就是司母戊鼎。这个重达一千多斤的庞然大物是谁下令铸造的？又是为了谁铸造的呢？

司母戊鼎是什么意思？

"司母戊鼎"这四个字，分开很好认，放在一起就让很多人摸不着头脑。这是一个鼎的名字，但是这"司母"是什么意思？这个"戊"又是什么意思，是年份还是月份？

这些猜测都不对。事实上，"司母戊"这三个字原本就是刻在鼎内的，这个"戊"是庙号，是人死之后后人为了祭祀而起的尊号。所以，"司母戊鼎"的意思就是"敬献给伟大母亲戊的鼎"。

178

这个庙号被称为"戊"的伟大母亲，就是妇姘 [①]。

妇姘是谁？

商王武丁有三任妻子，除了女战神妇好之外，还有一个叫作妇姘。妇姘可不是一般人，她十分聪明，擅长种黍，在当时算是一位很厉害的农业专家。

有一年，她带着人到丘商这个地方去种黍。这件事情很受朝廷的重视，还专门让巫师进行占卜，询问她种的黍是否能有好收成。从这一点我们可以推测，妇姘种黍可能更多的是一种农业试验。丘商这个地方可能原本是没有种过黍的，但是这地方对于朝廷来说又很重要。若是妇姘的试验成功，那对于当地的农业甚至是整个王室的收成来说都是一件大事。

武丁十分重视妇姘种黍的事情，留下了很多关于这件事的卜辞，比如：妇姘有没有去种黍？妇姘的田开始耕种了吗？妇姘种的黍丰收了吗？可见武丁对这件事有多上心。

粮食生产对于商朝的民众来说，是一件攸关生存的大事，所以妇姘在民众心目中必然有很高的地位。同时，妇姘还是一个十分富裕的女人。

---

① 姘：jǐng。

这就要从妇妌的身份说起了。妇妌是井方（国名）之女，她的封地也在井方。井方作为商朝的附属国，要定期向大商进贡①卜甲和卜骨②。卜甲和卜骨是占卜用的材料，因为商朝信奉鬼神，时常要通过占卜与鬼神沟通，询问自己要做的事情是否可行。所以卜甲和卜骨的使用量非常大，需要各附属国进贡。

在卜辞中记录，妇妌进贡卜甲和卜骨的数量非常大，次数也很多，有一次竟然一次就进贡了一百件卜甲。卜甲就是乌龟的壳，这种材料在当时是十分难得的，妇妌竟然能够一次性进贡这么多给商朝，说明她的封地物产丰富，她的经济实力十分雄厚。

妇妌死后，她的庙号为"戊"，武丁之后的商王祖庚或祖甲为祭祀她，就为她专门铸造了一个青铜大鼎，被称为"司母戊鼎"。

镇国之宝

"司母戊鼎"于1939年3月在河南安阳出土，是迄今世界上出土的最大、最重的青铜器，享有"镇国之宝"的美誉。现为国家一级文物，2002年列入禁止出国（境）展览文物名单。

司母戊鼎因鼎腹内壁上铸有"司母戊"三字得名，鼎呈长方形，

①进贡：封建时代藩属向宗主国或臣民向君主呈献礼品。

②卜骨：占卜用的兽骨。

口长 112 厘米，口宽 79.2 厘米，壁厚 6 厘米，连耳高 133 厘米，重达 832.84 千克。鼎身雷纹为底，四周浮雕刻出盘龙及饕餮 [①] 纹样，反映了中国青铜铸造的超高工艺和艺术水平。

司母戊鼎的铸造工艺十分复杂。根据铸痕观察，鼎身与四足为整体铸造。鼎身共使用 8 块陶范 [②]，每个鼎足各使用 3 块陶范，器底及器内各使用 4 块陶范。鼎耳则是在鼎身铸成之后再装范浇铸而成。铸造此鼎，所需金属原料超过 1000 千克。而且，制作如此大型的器物，在塑造泥模、翻制陶范、合范灌注等过程中，存在一系列复杂的技术问题，同时必须配备大型熔炉。司母戊鼎的铸造，充分说明商代后期的青铜铸造不仅规模宏大，而且组织严密，分工细致，显示出商代青铜铸造业的生产规模与杰出的技术成就，足以代表高度发达的商代青铜文化。

---

① 饕餮：tāo tiè，传说中一种凶恶贪食的野兽，古代鼎、彝等铜器上面常用它的头部作为装饰，称为饕餮纹。

② 陶范：陶范亦称"印模"。古代铸造青铜器的陶制范模。陶范一般由外范、内范组成。外范按器物外形制造，常分割成几块，有的用"子母口"（凹凸连接体）接合，因此称为合范。内范是比外范较小的范心。内外范之间容受铜液，范上雕镂纹饰、铭文。

司母戊鼎还是后母戊鼎？

　　细心的朋友会发现，对于这个目前世界上最大的青铜鼎，有一种叫法叫作"后母戊鼎"，"司母戊鼎"为什么变成了"后母戊鼎"呢？

　　因为这个鼎是在 1939 年出土的，当时最先给这个鼎命名的是郭沫若先生，他命名其为"司母戊鼎"，他的解释为"祭祀母亲戊的鼎"，"司"解释为"祭祀"。这个说法得到了大家的认同，于是这个命名就一直流传下来。

　　后来，人们发现甲骨文中的"司"和"后"是同一个写法，也有专家们认为"后母戊"的命名要优于"司母戊"，更能突出"伟大、了不起"的意思。

一代暴君商纣王

　　纣王是历史上著名的暴君，作为殷商最后一位帝王，他骄奢淫逸，沉迷美色，最终将江山丢掉了，自己也葬身火场。那么，他到底是怎么失去自己江山的呢？

纣王之暴

　　纣王是商朝最后一位君王，他本名受，史称帝辛。不过，因为他在位期间十分残暴，所以后世一般称其为纣王。

　　纣王天资聪敏，是一个有见识、口才好的人，而且他气力过人，能够徒手与猛兽格斗。但是，他凭借自己的智慧拒绝大臣的劝谏，又靠自己的口才掩饰自己的过错。他总是在大臣面前夸自己的才能，在天下人面前抬高自己的声望，自傲到认为天下人皆不如自己的地步。

正因为这样的自信，他对国事并不上心，而是醉心于饮酒作乐，最喜欢与妇人戏耍取乐。妲己是商朝属国进献的美女，纣王一见就非常喜爱，很快便封妲己做了他的妃子。他十分宠爱这个美丽的女人，对她的话可以说是言听计从。为了取悦妲己，纣王费尽心机，让师涓为他作了淫靡的俗乐舞蹈，他则整日与妲己沉迷于这靡靡之乐中，无法自拔。

为了满足自己奢侈的生活，他加重赋税，把鹿台钱库堆得满满的，把巨桥粮仓的粮食也塞得满满的。另外，还到处搜罗狗、马和新奇的玩物，全都放到宫里供自己取乐。又扩建沙丘苑台 ①，搜罗了很多珍禽野兽放在里面，把水池里装满了酒，在林中挂满了肉，让男男女女们裸着身子在其间追逐嬉戏，随意吃喝。

纣王的行为让百姓十分愤怒，有些诸侯也开始背叛他。可他不知悔改，反而加重刑罚，甚至发明了炮烙之刑。这也是纣王残暴统治的一个表现，他让人把大铜柱烧热，然后让犯人赤脚在铜柱上行走，当犯人被滚烫的铜柱烫到站立不稳时，就会掉进下面的炭火中被活活烧死。

当时，西伯昌、九侯、鄂侯被任命为三公，九侯把自己美丽的女儿进献给了纣王，但九侯的女儿不喜欢淫乐，纣王对此很生气，不仅把她杀了，还把九侯剁成肉酱。鄂侯看不过去，和纣王争辩，

---

①沙丘苑台：商纣王所建的离宫别院，位于今河北省广宗县境内。

纣王一气之下又把鄂侯做成了肉干。西伯昌听说了这件事，私下里暗暗叹息。

西周崛起

崇侯虎把西伯昌的反应告诉了纣王，纣王就把西伯昌囚禁在羑里①，一关就是七年。最后还是西伯昌的臣子闳夭②等人，到处搜寻了美女、奇物、好马献给纣王，纣王才把西伯昌放了出来。西伯昌出来之后就献出洛西之地，请求纣王废除炮烙之刑。纣王答应了他，还赐给他弓箭斧头，让他征伐其他诸侯，最终成为西边诸侯的首领，故称西伯。

西伯回到自己的封地后，暗暗修德养行，推行德政，纣王却我行我素，任用费仲、恶来这样的佞③臣，把朝政搞得更加混乱，很多诸侯都背叛了他，归顺了西伯。

西伯的发展严重威胁到了纣王，比干劝纣王悔改，纣王根本不听。等到西伯把饥国灭了，纣王的大臣祖伊感到十分害怕，立刻跑到纣王面前说道："大王啊，老天可能真的要灭了我们殷国啊，不论是

①羑里：羑，yǒu。羑里，商纣王囚禁周文王的地方，又称羑都，位于河南省安阳市汤阴县北 4.5 公里的羑里城遗址。
②闳夭：闳，hóng。闳夭，西周开国功臣。
③佞：nìng。惯用花言巧语谄媚之人。

有先知的人推测还是用大龟预测，都看不出一点点吉利的征兆啊！这肯定不是先王不保佑我们，而是大王你荒淫暴虐的行为惹怒了上天，让老百姓过不上安稳日子。现在老百姓都盼着我们灭国，大王啊，我们该怎么办呢？"

纣王毫不在乎地说道："我能做国君，是老天的旨意，有什么好担心的？"

祖伊回来后叹息道："纣王已经完全听不进任何劝告了！"

纣王的行为越发过分，比干看不下去了，决定誓死劝谏。纣王生气地说道："我听说圣人的心有七个孔，我倒要看看你的心有几个孔。"于是，他让人把比干杀死，还残忍地把心剖开。其他原本想要劝谏的大臣全都被吓住了，有的装疯，有的逃离，周武王见时机已到，立刻率领诸侯讨伐商纣王。

牧野一战，纣王大败，逃回京城后，他穿着镶满宝玉的衣服，纵身跳入鹿台上的大火中被烧死了。周武王把他的头割下来，悬挂在太白旗上，又把纣王的爱妃妲己杀了，最终灭了殷商，自己做了天子。从此，周朝开始了。

吐儿冢的传说

羑里城是商纣王关押西伯昌的地方，同时也是西伯昌的长子伯邑考葬身的地方，这里又被叫作吐儿冢。

当年商纣王关押西伯昌的时候，伯邑考作为人质给纣王当车夫。当纣王听到别人说西伯昌是圣人时，心里很不舒服，就把伯邑考杀了，做成肉羹让人送去给西伯昌吃。西伯昌一脸平静地把肉羹吃了下去，纣王听到回报之后大笑道："这算哪门子的圣人啊？连吃了自己的亲儿子都不知道！"

其实，西伯昌当然知道事情的真相，只是他为了能够逃脱牢笼，为子报仇，才装作不知道的样子。等到关押他的人不注意的时候，他把肉羹吐了出来，肉羹突然变成兔子一蹦一跳地跑走了。这就是吐儿冢的来历。所以至今羑里城附近的老百姓还流传着一句话："吐儿冢的兔子，打不得。"这也是后世敬重西伯昌和伯邑考的表现。

被挖心的王叔

　　身为商朝王子、纣王的王叔，比干却因忠心进谏，不惜以死抗争，被纣王挖去心脏悲壮而亡。这种不畏强权、忠于职守、以死抗争的精神，值得每一个人学习。

力保纣王

　　比干，生于公元前1092年，死于公元前1029年，二十岁就当上了太师，辅佐纣王治理天下。他出身高贵，祖父是商朝第十五代王太丁，哥哥是十六代王帝乙，侄子是末代王帝辛，也就是人们常说的纣王。

　　据史料记载，纣王的父亲帝乙病重的时候，曾经宣比干和箕子①一起进宫商议王位继承的事情。箕子认为微子是王位最合适的继承人，比干却推荐了帝辛，主要原因是微子的母亲不是正妻。为了维

---

①箕子：箕，jī。箕子，名胥余，殷商末期人，是文丁的儿子，帝乙的弟弟，纣王的叔父，官太师，封于箕，与微子、比干，在殷商末年齐名，并称"殷末三仁"。

护嫡长子继承制，比干力排众议，说服了帝乙选择立辛为继承人。

帝乙病死之后，帝辛即位，史称纣王。纣王除了嫡子的身份之外，他本身也是一个十分聪明的人，比干认为自己选择了一位十分恰当的王位继承人。可谁知事与愿违，纣王一上台，就荒于政事，每日沉迷于酒色之中，成天歌舞玩乐。

若仅仅如此也就罢了，他还是一位暴虐的统治者，为了满足自己的享乐需求，加重赋税，将天下的珍宝都藏到自己的鹿台去，天下的粮食都搜刮到巨桥粮仓去。无数的奴隶、平民在繁重的徭役中死去，人们对他的怨言越来越大。

比干看着纣王往昏君的路上越走越远，十分痛心，这个帝王是他一手力保捧上台的，这样下去，他不就成千古罪人了吗？于是，比干开始思考如何才能让纣王改过自新，做一个好帝王。

劝谏三日

比干见纣王的作为越来越荒唐，就把他带到太庙去祭祀祖宗，给他细讲历代先王创业的辛苦。

纣王就觉得自己这个叔父很啰唆，总是在耳边叨叨，老让自己改过自新。他根本不觉得自己有什么可改的，既然当上了一国之君，那享受一些好东西不是理所当然的吗？如果还要像祖先那样吃苦，

那我宁可不做这个帝王了。

比干见纣王根本不受教的样子，感到十分失望，叹了口气，"大王，请您仔细想想我们的祖先是如何创立了这成汤祖业。我的话虽然不中听，却都是为了您好，为了我们大商朝好啊！"

纣王挥挥手，满不在乎地说道："叔父过于忧心了，眼下天下太平，你出去看看，朝歌的各行各业都十分发达，各方诸侯都按时来朝进献，难道这成汤祖业到我手上就毁了吗？叔父若是空闲，不如好好地休养身心，看我如何将成汤祖业发扬光大！"

回到宫中，纣王就把比干劝谏的话丢到脑后。正好他耗费大量金钱人力建造的摘星台已经建好，他就带着妲己上摘星台去嬉戏取乐了，几天几夜不下楼，也不处理朝政。

比干看在眼里急在心里，他对自己说道："国君有过错，我不去劝谏就是不忠，怕国君怪罪杀了我就是胆怯。无论如何我也要去劝谏大王，就算因此丢了性命，我也算是全了忠诚之名了！"

于是他来到摘星台，对着纣王说了三天三夜的谏言，把纣王说得头大无比。妲己在旁边怂恿道："大王，这比干王叔可真是啰唆，不知道的还以为这江山是他的呢！"

这句话算是说到了纣王心里，因为比干是太丁的儿子，算起来也有继承王位的资格。纣王就对比干起了猜疑，暗下决心要把比干杀了。

比干剖心

没多久，纣王的原配姜后劝纣王不要沉迷女色，要归心朝政，惹怒了纣王，纣王一气之下把她给杀了。这一国之母随随便便就被杀了，比干觉得纣王真的是昏庸到极点了。

比干跑到宫里，指责纣王杀后的过错，纣王心知自己有错，但是他死不承认，恼羞成怒质问比干："你为什么一定要这么固执？"

比干说道："国君下面要有诤臣①，我身为大王的大臣，说话做事必须要以大义为重。"

"什么是大义？"

"夏桀不施行仁政丢了天下，今天大王也跟他学习，难道不怕也丢了天下吗？我今天来劝谏大王，是为苍生黎民着想，为国家社稷着想，这就是大义！"

比干义正词严的样子惹怒了纣王，纣王恶狠狠地说道："我听说圣人的心有七窍，今天我倒要看看是不是这么回事！"

他命人剖开比干的肚子，取出心肝，并向全国下令说："比干妖言惑众，赐死摘其心。"比干被剖心的地方正是摘星台，于是老百姓就把摘星台唤作"摘心台"，用以讽刺纣王的暴虐行为。

---

①诤臣：诤，zhèng。诤臣，能直言相劝的臣子。

比干死后，葬于朝歌城南三十五里之王畿①上。周武王灭商后，认为比干是一位了不起的大臣，应予以褒奖，就在比干葬地汲县为比干封了墓。

①畿：jī。国都附近的地区。

"没心菜"的传说

传说比干被纣王挖心之后，没有立刻倒地死亡。他用衣袍掩住自己胸口的血洞，面如土色，骑着马往南边走。他的遭遇早就被姜子牙预测到了，所以便给了比干一张灵符，让他贴在胸口，就算没有心，也可以暂时保他不死。又嘱咐他一路往南边走，走到心地（今河南新乡县）就能重新长出心来。

比干到了牧野荒郊，看见一个老妇人在叫卖"没心菜"。比干问："菜没心能活，人没心如何？"老妇说："菜没心能活，人没心就会死！"

比干听后，长叹一声，口吐鲜血，坠马而死。

今天，每到春回大地之时，比干的坟墓上都会长满三个叶的没心菜，传说这种没心菜，就是比干的七窍丹心化成的。

西周：
封建制度的巅峰绝唱

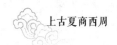

愿者上钩姜太公

每个人都希望能够早早成功，但是命运往往捉弄人，有的人要等到七老八十了才走上成功之路。这个人就是姜太公，他的一生有哪些传奇故事呢？

愿者上钩

姜太公，又称姜子牙，是炎帝的后裔。虽然先世为贵族，但到了姜子牙这一代已经家道中落，沦为贫民阶层了。

为了生活，姜子牙宰过牛，卖过肉，还曾卖酒为生。但是不管生活有多困难，他都始终不忘研究治国兴邦之道，因为他心里有一个远大的目标，那就是找到一位明君，然后辅佐他开创一个盛世王朝。可惜，这想法虽好，但是时运不济，一直到他七八十岁，还没有找到这位明君。

当时商纣王荒淫无道，国家政治混乱，根本不是姜子牙想要跟随的君主。后来，他听说西伯侯姬昌是一个十分圣明的人，他施行仁政，勤俭治国，在他的治理下，当时的周国政治清明，百姓安居乐业。姜子牙觉得这才是值得自己忠心跟随的明主，于是他来到周的领地，住在渭水①边上，每日在渭水边垂钓，静等时机。时间长了，渭水边上的老百姓都注意到了这个白发白胡子的老头儿，有时候路过他身边也会和他打个招呼。

这一天，一个三十来岁的樵夫从山上砍柴下来，见姜子牙又在水边钓鱼，就放下柴，坐到他身边歇息，顺便聊天。

"老爷子，你多大岁数了？"

"八十啦！"姜子牙捋②捋胡须笑道。

"那您可真是高寿啊！你这每天钓鱼，我怎么从没见你钓上过鱼呀？"

姜子牙笑笑不语。

樵夫又说道："您别看我是个砍柴的，其实钓鱼我也有一手，来，我帮你看看这鱼竿，是不是哪里有问题啊？"

说着他就站起来拿过姜子牙插在地上的鱼竿，鱼钩也被他扯出水面，樵夫立刻哈哈大笑："哎呀，我说老爷子，你就是再钓一百年，

---

①渭水：即渭河，水名，发源于甘肃，经陕西流入黄河。
②捋：lǚ。

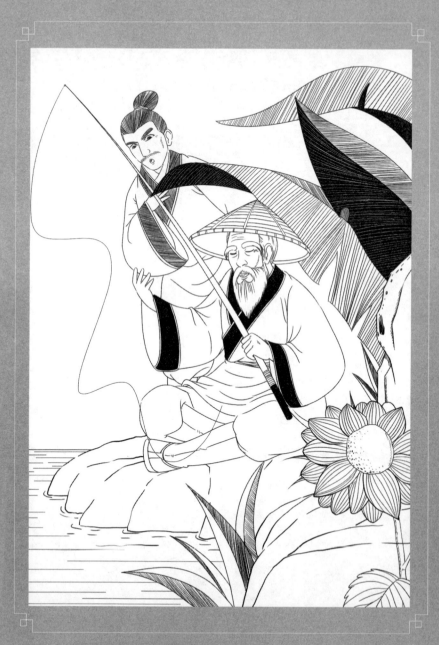

也钓不上一条鱼！你看你这鱼钩，咋是直直的？鱼钩，自然应该是钩起来的！来，我帮你敲一下！"

姜子牙笑着从这个热心的樵夫手里拿过鱼竿，继续插在地上，"小伙子，我钓的可不是鱼啊！"

"你拿根鱼竿天天坐在这儿，不钓鱼钓什么？"

"哈哈，老夫啊，专钓王与侯！"

于是，渭水边上有一个直钩钓鱼的怪老头就被传了出去，成为当地童叟皆知 ① 的事情。

文王访贤

而周国都城这边，西周文王姬昌近段时间老是做同一个梦，梦里天神对他说："你去渭水边上找一个奇人，他可以帮助你开拓王业，他的名字叫作望。"文王醒来之后，左思右想，觉得这是天神看自己求贤之心迫切，就给了自己这么一个指引的信息。既然天神都这么说了，那这个叫作望的人肯定就在渭水边上等着我呢！

"来人，召集文武大臣和王子们，我有要事宣布！"

于是，文王带着文武大臣和王子们斋戒 ② 沐浴后，带着丰厚的礼物，

---

① 童叟皆知：指孩子和老人都知道。
② 斋戒：旧时祭祀鬼神时，穿整洁衣服，戒除嗜欲（如不喝酒、不吃荤等），以表示虔诚。

来到渭水边寻找天神指引的那位奇人。到了渭水边一打听，所有人都告诉文王同一个人，那就是姜子牙。于是，文王带着大队伍来到姜子牙钓鱼的地方。

文王仔细看了看姜子牙，只见他须发皆白，仙风道骨，再看他垂钓的方式，果然是不用鱼饵用直钩，看来这就是天神跟自己说的那位奇人了。于是，他就上前找姜子牙攀谈。

姜子牙自然早就知道文王的来意，见文王很有诚意，就滔滔不绝地和文王谈起了天下的形势、周的处境以及如何开拓周的宏图霸业，说得文王热血沸腾，忍不住对着姜子牙行了一个礼："您就是我要找的奇人啊！请您和我一起，帮助我，让天下的老百姓都过上好日子吧！"

于是，姜子牙就成了文王身边最重要的左膀右臂，深受文王信任。因为文王对外宣称姜子牙是他的祖父所盼望之人，所以大家都叫姜子牙"太公望"，民间则简称为"姜太公"。

开创齐国

姜子牙忠心耿耿地辅佐周国，协助周国君主完成了伐纣灭商的重任，正式建立了西周。为了便于管理，西周建立之后，将王族、功臣和先代的贵族分封到各地做诸侯，建立诸侯国。

姜子牙的领地就在齐国。他到了封地齐国之后，花很大的力气发展经济，重视农、工、商：减轻农民税赋，鼓励农民好好种地；又把工匠们集中起来，形成更大的生产力，满足社会需求；给商人便利，让他们能够自由地做生意，活跃社会的经济交流。

　　这三点措施让齐国在不到三年的时间里变得繁荣昌盛，社会各个层级也都井井有条。姜子牙还重视人才，广泛搜罗四面八方的人才，让他们到齐国来生活，为齐国的发展贡献智慧。齐国很快就得到了大发展，成了诸侯里的强国。

　　姜子牙八十岁发迹，之前的几十年一直都生活在社会的最底层，但是他从来不放弃自己的梦想，不断充实自己的知识和能力，最终在适当的时机遇到了盼望已久的明主，实现了自己的梦想。俗话说，"是金子总会发光的。"姜子牙的故事告诉我们，要想发光，首先得让自己成为一块金子。

覆水难收的故事

姜子牙一直到八十岁才等到文王，在这之前他的生活一直都很贫困。他有一个妻子马氏，因为嫌弃他穷，三番五次地想离开他。

姜子牙就劝她说："你别走，我总有一天会荣华富贵的，到时候肯定能让你过上好日子！"马氏不相信，坚持要离开，姜子牙见阻止不了，也就随她去了。

等到姜子牙成为文王的心腹，建立周朝，分封了齐国之后，马氏见他十分富贵，就回来找他："我当初跟着你过了那么多年的穷日子，现在你富贵了，可不能忘了我们当年的情分啊！"

姜子牙看透了马氏的为人，他知道马氏看上的是自己的钱财和地位，并不是他这个人。他端出一盆水泼在地上，对马氏说道："你若是能把这地上的水收回到盆里去，我就让你回来！"

倒在地上的水哪里还能收回去，马氏羞愧至极，灰溜溜地走了，给世人留下一个"覆水难收"的故事。另外，西汉朱买臣也有一个"覆水难收"的故事。

被饿死的王子

有这么两个人，身为堂堂王子，放着好好的国王不做，非要逃离皇宫去做普通人。做普通人就做普通人吧，还因为不满社会现实隐居山上，最终饿死在首阳山，这就是伯夷和叔齐两兄弟。

争相让国

在商朝末年，东海边上有一个国家叫作孤竹国，这个国家历史很长，从夏朝建立之初就已经存在了，经济也十分发达，是一个很有实力的小国家。

这一年，孤竹国的国君生了重病快死了。按照长幼顺序，本应该是立长子伯夷为下一代国君，但是老国君不喜欢伯夷，就立最喜欢的二儿子叔齐当国君，还让伯夷好好辅佐弟弟。

老国君去世后，被立为新国君的叔齐心里十分不安。因为他觉得长幼有序，按照老祖宗的规矩就该让自己的哥哥来做这个国君，自己越过哥哥继承王位，是没有道义的行为，将来在历史上留下的肯定也是骂名。

他思前想后，把哥哥伯夷找来，对伯夷说道："哥哥，这个王位还是你来坐吧，这本来就应该是你的位置。"

伯夷连连摆手，"弟弟胡说什么呢？父亲可是点名让你继承王位，你这样做，不是忤逆①父亲的命令吗？再说了，你比我能干，对于孤竹国来说，你是最适合的国君啊！"

叔齐再三恳求伯夷答应自己的请求，伯夷见拗不过弟弟，就答应了。叔齐高兴极了，伯夷回去却是翻来覆去地睡不着。他觉得自己的智慧不如弟弟，在处理事务方面也不如弟弟懂得变通，根本不适合做国君。可是如果再去叔齐那里推辞的话，肯定又会被他说服的。所以，他决定半夜偷偷地溜走。

谁知道叔齐也是这么想的，他了解自己的哥哥，知道他肯定会再来推辞王位，就干脆先下手为强，偷偷离开孤竹国。结果，伯夷和叔齐两兄弟都离开了自己的国家，最后孤竹国的人没办法，只好立老国君的第三个儿子当了国君。

---

①忤逆：不孝顺（父母）。

饿死首阳

伯夷和叔齐终究还是相遇了，两人见对方都做出了同样的举动，会心一笑，干脆就结伴远走，到其他地方去谋生，免得又被孤竹国的人找回去做国君。

当时商朝已经进入末年，在商纣王的暴力统治下，社会十分动荡，哪里都不适合生存，更何况伯夷、叔齐这两个从小在宫中养尊处优^①的王子？他们颠沛流离，始终没有找到一个合适的落脚处。

后来，两人听说西伯侯姬昌是一个十分仁义的人，在他的领土上，老人都能够安享晚年。于是他们就一起投奔西周，到西周住了下来，总算是找到了一个安身之所。

可惜好景不长，他们定居西周没多久，西伯侯就去世了，他的儿子武王上台做了国君。武王早就想兴兵攻打商纣王，所以不等料理完西伯侯的丧事，就用马车载着西伯侯的牌位，率领大军东征商纣王。

伯夷、叔齐听说了这件事，不顾危险跑到武王的大军前，拦住车马，叩首劝说道："王，您的父亲去世还没安葬，就大动干戈^②，这是不孝的行为啊！而且您是臣，君主（指纣王）是君，做臣子的

---

①养尊处优：生活在尊贵、优裕的环境中。
②干戈：盾牌和戈，泛指武器，后引申为战争。

去攻打君主，这是不仁的行为啊！"

武王的手下见这两个人实在胆大妄为，居然敢跑到武王跟前说这些没头没尾的疯话，拿起武器就要把伯夷、叔齐给杀了。姜太公拦住他们，对武王说道："这两人其实是仁义的人，王就饶恕他们吧！"

武王看在姜太公的分儿上，不跟伯夷、叔齐计较，只是让人把他们扶到一边去，继续带着大军往都城进发。伯夷、叔齐看着远去的大军，失望地摇摇头。

后来武王灭了殷商，成了天下的共主。伯夷、叔齐却认为武王造反是不孝不仁的行为，他们羞于与周国人说话。而且，他们不但不和周国人说话，还不种周国的地，不吃周国人种出来的粮食。可是，普天之下莫非王土，这个时候整个天下都是周朝的，他们还能躲到哪里去呢？

最后，两人跑到首阳山上去隐居，靠采集野菜过日子。可惜野菜并不是一年四季都有的，两人活活饿死在了首阳山上。

伯夷、叔齐两人的行为自古以来评价不一，但是他们坚守自己的信念，不惜以性命来捍卫自己的原则，得到了后人的肯定。

伯夷叔齐之歌

伯夷和叔齐每天在首阳山上采集一种叫薇的野菜为生，可惜野菜终究是无法填饱肚子的，最终两人被饿死了。在死之前，两人唱了一首歌，流传至今。

"我们来到西山上啊，采着山上的薇菜吃！用暴虐来代替暴虐的人啊，不知道自己错在哪里！唐尧虞舜这样的圣人都不在了，我们又去哪里安身呢？呜呼哀哉啊命将休啊！"

这首歌是伯夷、叔齐二人对武王伐纣行为不满的表达，他们二人谨守古义，在今天的人看来是不合时宜的，但是却代表了一种为理想献身的精神，也是值得我们学习的。

武王伐纣

商纣王是历史上有名的暴君、昏君。周武王立志伐纣灭商，中间也经历了一些坎坷，最后以五万兵力打败了商纣王的七十万大军，成了以少胜多的战争典范。

孟津观兵

周原本是商朝西部的一个属国，经过周文王五十年的励精图治，国力逐渐强大，在诸侯之中的威信也日益高涨。与此同时，商纣王却在贪图享乐、荒淫无道的路上越走越远，无论是诸侯国还是普通老百姓，都对商纣王十分不满。

后来，周文王死了，他的儿子姬发上位，史称武王。武王是一位聪明能干的君主，又有太公望和周公旦这样的能人辅佐，召公、毕公等听其吩咐。可以说，周文王给武王留下了一个强有力的政治

班底，为武王伐纣打下了坚实的基础。

于是，武王开始积极筹划灭商事宜，不过他并不是一个独断的君主，他很敬重太公望，尊其为"尚父"。就伐纣这件事，他决定征求一下太公望的意见。

"姜尚父，你说现在是不是伐纣的好时机？"

姜子牙摇摇头，"大王，你刚刚即位，立刻就兴兵伐纣，有些操之过急了！"

"那要等到什么时候？"

"如果大王确实着急，可以先召集诸侯演练一下军队，一方面是展示咱们周国的实力，一方面也看看还有多少诸侯对商纣王忠心耿耿。"

武王觉得姜子牙说得有理，于是他通知各诸侯国在孟津①会师演习。他自己则率大军先西行至毕原（今陕西西安市长安区内）文王陵墓祭奠，然后转而东行向朝歌前进。在中军竖起写有父亲西伯昌名字的大木牌，自己只称太子发，意为仍由文王任统帅。

他带着军队到孟津的时候，发现有八百诸侯都响应他的号召前来参加演习。这些诸侯纷纷劝武王，干脆借此机会直接向朝歌进军，一举灭了商朝。

武王却摇摇头，只说了一句"时候还没到"，就带着军队转回

---

①孟津：地名，今河南孟津县。

周国去了。这就是历史上有名的"孟津观兵"。

五万打败七十万

武王回到周国之后，继续实施文王的德政，潜心训练军队，增强周国的军事实力。纣王虽然听说了孟津观兵的事，但是他并没有放在心上。因为这么多诸侯已经兵临朝歌①了，还是没有攻打过来，就说明他们还惧怕大商朝，那他还担心什么呢？

有了这样的想法，纣王越发嚣张起来，更加昏庸暴虐。有一次，他和妲己在鹿台饮酒作乐，见下面路过一个孕妇。妲己说这孕妇肚子里是个男孩，纣王却说是个女孩。两人还为此事打赌，让武士立刻把孕妇抓回来，现场剖开肚子看看到底是男是女。纣王令人发指的暴虐行为还有很多，已经让老百姓无法忍受；朝廷里的大臣也对他失望至极，有的装疯，有的逃跑。

武王听说了纣王的这些事，说道："时机到了！"

于是，周国正式出动了复仇大军。武王的军队有兵车三百乘、精兵五万人，由周武王和军师姜尚统帅，一路向东进发。等他们到达黄河边的时候，正好是隆冬时节，黄河正好封冻，大军踏冰渡河，顺利抵达孟津。其他诸侯国听说西周终于出兵伐纣了，便立刻带兵

①朝歌：中国殷商王朝四代国都，具有3000多年的古都史，是华夏文明的主要发祥地之一。

赶来，到孟津与周军会师。

周军的五万精兵与号称八百路诸侯的联军浩浩荡荡地继续东进，到了朝歌附近的牧野，周武王举行了誓师大会。

这时候纣王才开始慌了，连忙组织了七十万人的军队前往牧野迎战。这七十万人的军队却并非全是正规军，是少量的朝歌守城军队加上大批奴隶、俘虏等，可以说是典型的杂牌军。纣王亲自率领这支号称有七十万人的杂牌军，来到牧野与武王的联军对阵。

周武王只带了五万军队，加上诸侯的军队也不过十万，如此少的军队要对抗纣王的七十万大军，简直就是以卵击石。纣王本以为自己赢定了，哪想到战斗一开打，战场上就出现了戏剧性的一幕。

只见纣王的七十万军队刚冲出去没多远，就掉转头来攻击纣王。纣王吓得大惊失色，在贴身卫兵的保护下逃回朝歌。他心灰意冷，在鹿台上燃起大火，然后跳进去自焚而亡。

商朝就此灭亡。

巨桥发粟

　　巨桥是朝歌、殷都、邯郸、沙丘间御道中心城邑，商纣王在这里建有离宫别馆。为了供自己大肆挥霍取乐，他在这里建了一个大粮仓，用来收纳从百姓手中搜刮来的粮食。老百姓没饭吃，这巨桥粮仓却塞得满满当当。

　　周武王攻破朝歌之后，就命人打开巨桥粮仓，把里面的粮食全部拿出来发放给老百姓。老百姓本来就对商纣王恨之入骨，再看到周武王如此体恤民情，都额手称庆，觉得周武王是一个仁政爱民的好帝王。

周公摄政

历史上有这么一个人，被汉朝政论家贾谊评价为"孔子之前，黄帝之后，于中国有大关系"的唯一一人，这个人就是周公。那么，他到底做了什么事情能得到如此高的评价呢？

二次东征

周公，姓姬名旦，是周文王姬昌第四子，周武王姬发的弟弟，因其采邑①在周，爵为上公，故称周公。

身为周文王的儿子、周武王的弟弟，周公的地位是十分高贵的。他原本可以像一个普通的贵族子弟那样平安喜乐地享用一生，但是他没有。他不但没有耽于享乐，反而为了大周的基业兢兢业业地奋斗了一生。其中，二次东征是他一生中彪炳千古②的重大军事成就。

①采邑：古代国君封赐给卿大夫作为世禄的田邑。我国盛行于周代，卿大夫在采邑内有统治权并对国君承担义务。
②彪炳千古：炳，bǐng。彪炳千古，形容伟大的业绩流传千秋万代。

周文王去世后，周武王继位，很快就发动了针对商纣王的战争。牧野一战之后，纣王鹿台自焚而死，商朝灭亡，周朝开始。但是，这并不代表周朝的统治者就能安枕无忧了。因为武王把原来由商朝直接统治的地方分成了三部分，一部分归纣王的儿子武庚管，一部分由蔡叔度管，一部分由管叔鲜掌管，史称"三监"。

武王如此处理殷商遗民和上层贵族的问题，就等于给后面的统治者埋下了一颗不定时炸弹，随时都可能爆炸。果然，等到武王死去，他的幼子成王继位，"三监"就不安分了。管叔、蔡叔勾结武庚，联合起来反叛周朝。

这个时候，周公挺身而出，他不惧他人的眼光，替代成王，举兵东征。公元前1022年，周公顺利地平了三监叛乱，斩杀管叔和武庚，流放了蔡叔。然后又一鼓作气，继续往东，灭掉了奄等五十多个国家，将大周的势力范围延伸到海边。

二次东征的意义就在于真正扫除了商王朝的外围势力，让大周真正成了一个东至大海、南至淮河流域、北至辽东的泱泱大国。

确立分封

经过二次东征，平定反叛之后，周公开始反省造成反叛的原因。他认为问题主要存在于将前朝的旧部放在都城附近的封地，对都城

造成了直接的威胁，他决定改变这种局面。

他首先向成王建议，把国都迁移到洛邑（今洛阳），然后把在战争中俘获的商朝贵族强行迁居到洛邑，并派重兵监督把守，避免他们再寻机反叛。然后分封周族中最可信赖的成员到国都的周边拱卫王都，这样大周的国都就有了一个安全的保护层，其他的小国想要反叛攻击国都，就必须要先过这些王族成员的领地。

于是，他开始实施封邦建国的方针，先后建置七十一个封国，把武王十五个兄弟和十六个功臣，封到封国去做诸侯，以作为捍卫王室的屏藩。另外，在封国内普遍推行井田制[①]，将土地统一规划，巩固和加强了周王朝的经济基础。

通过分封制，加强了周天子对地方的统治。周朝开发边远地区，扩大统治区域，并逐步构织出遍布全国的交通网络，形成对周王室众星捧月般的政治格局，打破了夏商时期众邦国林立的状态。而且，周文化也通过这样的制度覆盖了整个黄河中下游地区，密切了同周边各少数民族的关系，推动了边远地区的经济开发和文化发展。

制礼作乐

对于中国历史来说，周公还有一个大成就是制礼作乐。

[①]井田制：我国奴隶社会时期的土地制度。奴隶主为计算自己封地的大小和监督奴隶劳动，把土地划分成许多方块，因为像"井"字形，所以叫作井田制。

所谓"礼"就是尊卑有别，上下有序，这一点十分重要。周公为了让大周的统治更加长治久安，确立了宗法制，只有嫡长子才有资格继承帝位。这是吸取了殷商的教训，因为殷商虽然实施的是世袭制，但是帝位可以传给弟弟，也可以传给自己的儿子，而且儿子也不分嫡庶，均有继承机会。这种世袭方式看似公平，实际上则为统治者埋下了很多祸患。其他有资格继承帝位却没有坐上这个位置的人，很容易因为觊觎帝位而生反心，最终损害国家的利益，让平民百姓受苦。周公确定了嫡长子继承制后，就从根本上避免了这个问题。

同时，为了配合这一制度，周公还制定和推行了一套维护君臣宗法和上下等级的典章制度，更有利于社会形成有秩序的氛围。

他主持制作了表现文王、武王武功成就的武舞《象》，以及表现周公、召公分职而治的文舞《酌》。这些舞乐有一个共同的特征，那就是宣扬统治者的武功成就，让人们产生敬畏心理。

可见，周公制礼作乐，并非仅仅是改造殷人的祭祀典礼和置换典礼所用之乐歌，而是涉及了意识形态和社会制度的各个方面，具有十分强大的精神宣传作用。

周公吐哺，天下归心

周公的长子叫作伯禽，是一个温和有礼又很有才干的人。周公派他去管理自己的封地鲁地之前，把伯禽叫到自己的面前来，仔细地嘱咐他到了鲁地应该如何行事。

周公知道伯禽身为王族子弟，多少有一些傲慢，于是语重心长地告诫道："伯禽啊，你的父亲我身为文王的儿子，武王的弟弟，成王的叔父，我想以这样的身份在天下人面前也不算低了吧？"

伯禽有礼地答道："父亲自然是高贵之人。"

"可是你知道吗？即使我已经到了这样的地位，可我依然不敢松懈。我洗一次头，三次握起头发，吃一顿饭，三次吐出嘴里正在咀嚼的食物，你知道是为什么吗？"

伯禽想了想，"可能是下人们伺候不周到，给您的洗头水太热，饭菜太难吃？"

"当然不是。我之所以这样做，是因为有贤人来访，我生怕自己洗完头或者吃完饭再去接见贤人，惹得人家不高兴就走了，那就失去这个贤人了。你到了鲁国也一样，一定要收起你的傲慢之心，诚恳谦逊地对待每一个贤能的人，这样才能得到人家的帮助，让你能够更好地治理鲁国。"

　　伯禽点点头，将父亲的嘱咐牢牢地记在心间，到了鲁地，也效仿父亲，礼贤下士，诚恳待人，鲁国在他的治理下政治经济都焕发出新气象，成为周朝重要的邦国之一。

国人暴动

公元前 841 年，对于中国历史来说是非常重要的一年，因为这一年是中国历史上有明确纪年的开始。而这一年，还发生了一件很重要的事情，那就是发生在西周都城镐^①京的国人暴动。

专利政策

周厉王当国君的时候，社会动乱，经济萧条，老百姓为了活命，都到山林湖泽里去伐木、打猎、采药、打鱼。作为一个国君，周厉王没有反省思考如何才能让老百姓过上安定的生活，反而认为老百姓这样做侵犯了朝廷的利益。

于是，他在大臣荣夷公的建议下，实行"专利"政策。这个专

---

①镐：hào。

利可不是现代的这种发明专利，而是指山林湖泽里的所有东西都划归朝廷所有，归天子所有。老百姓不可以再到这些地方去打猎采药，换取生活物资。老百姓最后的活路也被他堵住了。

镐京的人对周厉王的这一举措非常不满，纷纷议论指责周厉王。这些言论自然也传进了朝廷大臣的耳朵里，召穆公进谏道："老百姓们本来就没有什么活路，您还要实行这样的政策，再这样下去会出大乱子的。"

厉王很生气地说道："我有办法让他们闭嘴！"

他把卫巫找来，命令道："现在有很多人不听我的命令，满腹牢骚，到处胡说八道。现在我命令你去监视那些到处发牢骚的人，不管是谁，胆敢非议朝政的都给我记下来，向我报告。"

卫巫便安排了很多人到各种场合去监视百姓，凡是发牢骚的都被记下来送到厉王面前。厉王拿到名单后，直接派人把这些人抓去砍头。短短时间内，就砍了很多人的脑袋，这样的高压政策确实把老百姓给震慑住了。他们不再公开咒骂厉王，但是在路上相遇的时候，还是会互相使个眼色，用眼神来表示对厉王的仇恨。

厉王听说国人都不敢再议论咒骂自己，心里很得意，觉得自己的命令下得太对了，还重重赏赐了卫巫。他特地把召穆公找来，"你看，你不是说老百姓对我怨声载道①吗？现在你再去听听，看看还有

①怨声载道：怨恨的声音充满道路，形容民众普遍不满。

没有人敢说那些乱七八糟的话！"

召穆公叹了口气，"大河发了洪水，光靠加高堤坝去堵，万一洪水冲破了堤防，就会一泻千里，人死财亡。堵老百姓的嘴，比堵洪水还要危险。所以会治水的人，总是要对洪水引导疏通；会治国的人，也善于引导人们说出心里话。要是把他们的嘴都堵住，国家还会长久太平下去吗？"

厉王仍然不听劝告，反而变本加厉，实行更残暴的统治。

国人暴动

公元前841年，厉王的高压政策终于让国人无法忍受，他们爆发了中国历史上第一次大规模的人民起义①。这就是历史上有名的"国人暴动"。

大家手举着各种各样的武器，前呼后拥，高声呼喊着冲向皇宫。

厉王这会儿还在宫中悠然自得地享乐呢，突然见到荣夷公急匆匆地闯进来，"大王，不好了，不好了，外面的老百姓全部都杀进来了！"

厉王还没反应过来，又一个大臣进来报告说老百姓已经杀进皇宫了，说是要找厉王算账。

①起义：为了反抗反动统治而发动武装革命。

厉王吓得脸都白了，立刻召集大臣准备调集军队镇压暴动的老百姓。荣夷公却说："大王，咱们大周的规矩，这些国人平时各有各的工作，打仗的时候就变成军队。这会儿就是他们造反，我们又到哪里去调集军队呢？咱们还是快快逃命吧，不然真的来不及啦！"

厉王这才意识到问题的严重性，他连忙从王宫的小侧门溜出去，然后乔装打扮往北方奔逃。老百姓冲进皇宫，却没发现厉王，一气之下就把王宫烧掉了，然后又去抓太子。可是太子也不见了。

有人说看见太子被召穆公带回家去了，老百姓立刻掉头往召穆公家里杀去，心想一定要杀掉太子才能消掉心头之恨。

召穆公见事情紧急，就把自己的儿子和太子换了衣服，然后把自己的儿子交了出去。老百姓也没见过太子，看见一个穿得十分华贵的孩子被交出来，就认定这是太子，便一刀把他杀了。报完仇，参加暴动的国人也就散了，太子总算保住了一条命。后来即位，便是周宣王。

国人暴动的"国人"是谁？

国人暴动是公元前841年发生在西周首都镐京的以平民为主体的暴动。这里的"国人"是对居住于国都的人的通称。因为在周代，所营筑的城邑通常有两层城墙，从内到外分别为城和郭，城内的称"国人"，城外的称"野人"或者"鄙人"。

这些人包括失势的贵族和贫困的士阶层，一般平民以及百工、商贾等工商业者以及社会的下层群众。当时国人有参与议论国事的权利，甚至对国君废立、贵族争端仲裁等都有权参与，同时有服役和纳军赋的义务。

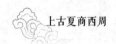

烽火戏诸侯

　　江山美人，一向是帝王们的两大追求。周幽王却为了
美人丢了江山，只因为干了一件荒唐事，那就是烽火戏诸侯。

美人褒姒 ①

　　公元前779年，周幽王攻打褒国。褒国怕被灭国，就把一个美人送到了周幽王的王宫里。这个美人长得沉鱼落雁 ②，周幽王一见就非常喜欢，这个美人就是褒姒。

　　周幽王本来有一个王后，是申侯的女儿。王后生了一个儿子，叫作宜臼 ③。在褒姒进宫之前，周幽王已经立了宜臼做周国的太子。但是褒姒进宫之后得到了周幽王的宠爱，也生了一个儿子，叫伯服。

---

①褒姒：bāo sì。周幽王姬宫湦第二任王后。
②沉鱼落雁：形容女子容貌极美。
③宜臼：臼，jiù。宜臼，周平王，周幽王之子。

周幽王想讨褒姒的欢心，就把原来的王后和太子都废了，重新立褒姒为王后，褒姒的儿子伯服则为太子。

周幽王每日不理朝政，只和褒姒在一起厮混。褒姒长得虽美，但是她有一个与众不同的特点，就是不爱笑，一笑起来，又特别好看，让周幽王一见就忘不了。于是周幽王就想方设法地逗褒姒笑，希望能够再见那样绝美的笑颜。

可是褒姒天性不爱笑，哪是那么容易被逗笑的？周幽王想了很多办法，让乐工来鸣钟击鼓，弹奏各种优美的乐曲，让跳舞的宫人为褒姒跳最新最好看的舞蹈，甚至让司库每日送很多绢帛^①进宫，周幽王亲自撕裂这些绢帛，发出声音来逗乐褒姒。可惜褒姒就是不笑。

这可把周幽王给急坏了，越得不到的越想得到，他实在是太想看到褒姒的笑容了，就颁布了一个命令，下令全国范围内的人，只要谁想出的点子能够逗乐褒姒，让她展颜而笑，就能得到千金。

这可忙坏了周国人，大家都争先恐后地给周幽王献策，送来各种各样的点子，希望能够逗笑褒姒，然后得到千金赏赐。可是褒姒还是不笑，这时候朝中有一个叫虢^②石父的大臣来献计了。

这个虢石父可不一般，史记中评价他为"为人佞巧，善谀好利"，

---

① 帛：bó。丝织物的总称。

② 虢：guó。

简简单单的几个字就说明了这个人的本质——奸猾贪婪，又会拍马屁。他见周幽王那么爱褒姒，就知道这可是他得到周幽王重视的好机会，于是他想了一个馊点子进献给周幽王。

周幽王听了他的主意，愣了半晌，最后拍掌大笑，"果然是一个好主意啊！你真是个聪明人，我要让你来做我的近身大臣！"

虢石父给周幽王出了一个什么样的"好"主意呢？那就是烽火戏诸侯。

烽火戏诸侯

烽火是什么？烽火就是在高山上建立高台，在台下留一个灶口，可以放入柴草，点燃后就会在台顶升出烟雾，烟雾高高升起，直上云霄，在很远的地方都能看见。这样远处的人就知道这个地方被敌人进攻了，便会前来支援。在没有电子通信设备的古代，这种传递军情的方式是十分实用的。因此，烽火不是随便就能点燃的，必然遇到紧急军情才能点燃。

周幽王身为一个天子当然知道烽火的重要性，但是逗美人一笑的欲望更加强烈，于是他把褒姒带到了烽火台边上，点燃了烽火。烽火一个一个地传递出去，驻扎在百里千里之外的诸侯、将领们看见了，还以为京城被外敌进攻了，都带着军队紧赶慢赶地跑来救自

己的君主。

哪知道到了一看，竟然是一个骗局，诸侯们个个都气得跺脚。站在烽火台上的褒姒看着这些远道赶来的诸侯被戏耍，觉得很有趣，便笑了起来。周幽王终于看到了自己梦寐以求的笑颜，也乐开了怀。诸侯们心里虽有不满，却也不敢对国君说什么，只能垂头丧气地带着军队回自己的领地去了。

后来，被废的王后父亲申侯因为自己的女儿和外孙都被废了，很生气，就联合缯国、西夷的犬戎国来攻打周幽王。周幽王见事情紧急，立刻命人去点燃烽火，通知其他诸侯来救自己。这次，诸侯们的确是看见了烽火，但是他们以为这又是周幽王为了取悦褒姒，点燃烽火来戏耍他们呢。于是一个都没有赶来，最后周幽王被杀死在骊山下，褒姒也被掳走，不知下落。周幽王被杀之后，西周王朝也宣告灭亡，被废的太子宜臼被立为国王，迁都洛邑。在历史上来说，这就是东周的开始。

褒姒的传说

褒姒是历史上有名的美人,关于她,还有一个十分传奇的故事。

传说,夏朝末年,在君主的朝廷前停了两条神龙,他们说道:"我们是褒国的两个先王。"君主很害怕,就占卜询问如何处理这两条龙。可惜占卜结果显示,无论是把他们杀掉、赶走还是留下,都不吉利,只有把他们的唾沫收集起来,用匣子储藏好,才吉利。于是,君主照做了。

夏朝灭亡之后,这个装有神龙唾沫的盒子传了下来,被周厉王拿到了。他很好奇地打开来看,却不小心把盒子打翻,里面的唾沫流了出来,变成了一只乌龟爬到宫里。一个侍女碰到了这只龟,就怀孕了,生下一个女孩。这个侍女无夫生子,十分害怕,就把小婴儿丢出宫外。

小婴儿后来被一对夫妇收养,在褒国长大,十分美丽。等到褒国被周幽王攻打的时候,她就被褒国国主送给了周幽王,解了褒国之困。这就是褒姒,本姓姒,因为是从褒国来的,所以史称褒姒。